LÉGENDES DE LA MODE

GUCCI

RBA

LES *MUSTS* DE GUCCI

PARFUM *GUCCI BLOOM* **2017**
Créée par le parfumeur Alberto Morillas, cette fragrance florale évoque un jardin sauvage, beau et luxuriant.

SAC *JACKIE* **1961**
Jackie Kennedy Onassis a donné son nom à ce sac déstructuré, spacieux et confortable, une pièce iconique reconnaissable à sa fermeture à piston.

BANDE *WEB* **1951**
Une bande centrale rouge flanquée de deux bandes vertes : un dessin simple inspiré des sangles de selles.

CARRÉ *FLORA* **1966**
L'imprimé naturel et organique que Vittorio Accornero de Testa a créé pour ce carré de soie a été utilisé sur toutes sortes de vêtements et d'accessoires.

MOCASSIN *HORSEBIT* **19**
La reproduction d'un mors de cheval confère une identité unique à ce mocassin très convoité.

BRODERIES ANIMALIÈRES **2016**
Ces broderies et patchs d'animaux sont emblématiques du style baroque qui caractérise la marque sous l'ère Alessandro Michele.

SMOKING EN VELOURS **1996**

Ce costume rouge rubis emblématique de Tom Ford est un classique de Gucci qui a été réinterprété tout au long de l'histoire de la marque.

GUCCI MONOGRAMME **ANNÉES 1950**

L'imprimé historique, quintessence de la marque italienne, moderne et intemporel, orne les tenues conçues pour les jeunes urbains.

SELON *Mitia Bernetel*

LOGO DOUBLE G IMBRIQUÉ **1933**

Le logo le plus classique de Gucci, accompagné du nom de la marque, est un symbole fort pour les amoureux de la mode et les fans hip-hop.

GUCCI

UN HÉRITAGE INTEMPOREL

Gucci voit le jour en 1921, quand Guccio Gucci ouvre un atelier de maroquinerie à son nom. Ce Florentin s'inspire de la qualité des prestigieux bagages anglais pour affirmer son style, très italien. Avec ses fils Aldo, Rodolfo et Vasco, aussi passionnés que lui, Guccio lance une marque qui ne transige pas sur l'élégance, ni sur la qualité des matières. Bien plus tard, la maison connaît un nouvel acmé après l'arrivée de Tom Ford à la direction de la création puis son rachat par le futur groupe Kering. Gucci réalise alors de brillants exploits dans le prêt-à-porter. Ses classiques (monogramme Gucci, sacs *Bamboo* et *Jackie*, mocassin *Horsebit*...) ont séduit plusieurs générations de fidèles, qui voient en Gucci une marque qui respecte son héritage, mais sait l'actualiser sans perdre son essence. Les diverses étapes franchies sous des directions créatives très différentes ont montré que la maison pouvait se réinventer du tout au tout, sans jamais cesser d'être l'une des marques les plus désirables.

AU NOM DU PÈRE

En bon impresario anglais pour le théâtre, Richard D'Oyly Carte a toujours vu grand. Lorsqu'il ouvre l'hôtel Savoy à Londres en 1889, il a vivement conscience d'avoir réussi : il est le propriétaire du premier hôtel de luxe au monde spécialement conçu dans cet esprit. L'éclairage est entièrement électrique, toutes les chambres sont équipées de prises de courant et d'eau chaude, le restaurant – dirigé par le grand chef français Auguste Escoffier – est le meilleur de la ville, sinon d'Europe, le décor est tout à fait exquis et comporte deux ascenseurs hydrauliques importés des États-Unis pour éviter à ses clients la montée des escaliers. Le Savoy devient le repaire des aristocrates, des magnats de l'industrie et de la finance, des divas de l'opéra et du théâtre et des membres de la famille royale anglaise. Le luxe, l'élégance et l'exclusivité sont la raison d'être du Savoy. C'est là qu'en 1897, un Italien de 16 ans venu chercher sa voie loin du pays natal, trouve à s'employer. Son nom est Guccio Gucci.

Né à Florence le 26 mars 1881, ce jeune homme est le fils d'un maroquinier réputé de la cité toscane, héritier d'une famille illustre dans ce métier. Guccio Gucci est passé par Paris avant d'être embauché à l'hôtel Savoy, où on l'assigne à plusieurs tâches, notamment bagagiste et opérateur d'ascenseur. Ces deux missions le conduisent à passer d'innombrables heures dans les tout nouveaux et lents ascenseurs de l'hôtel. Ingénieux et curieux de nature, il emploie ce temps à observer les bagages, leurs matières, mais aussi, et surtout, les détails qui les distinguent. Valises, bottes, boîtes à chapeaux... tout respire chez eux la qualité et l'excellence. Il est particulièrement impressionné par les créations de H. J. Cave & Sons, nec plus ultra de l'Angleterre à cette époque. Cette société a été fondée en 1839 par Harriet Jane Cave, l'une des rares femmes entrepreneurs de son temps, et qui fut pionnière dans l'alliance du luxe et du glamour. En 1851, elle a créé le premier sac à main en cuir pour femme, suivi par des valises et des malles dotées de compartiments, conçues pour les voyages en train, car plus légères et plus faciles à empiler.

Guccio Gucci (1881-1953) a réalisé son rêve de fonder une entreprise de maroquinerie proposant des produits exclusifs et de grande qualité à une clientèle choisie et sophistiquée.

Le jeune Guccio absorbe ce qu'il voit comme une éponge. Il se rend vite compte que les classes sociales les plus puissantes et les plus riches ont une dévotion particulière pour le monde équestre : elles participent à des chasses à courre, jouent au polo et fréquentent les hippodromes, qui sont devenus les lieux où il faut aller pour voir et être vu. Il fait le pari que l'avenir devra offrir ce luxe et cette exclusivité à tous ceux qui en ont les moyens : des gens exigeants et riches qui voyagent beaucoup et entendent le faire dans des conditions de confort optimales.

Guccio Gucci retourne en Italie en 1902. L'entreprise de son père ayant fait faillite, il entre au service de Franzi, un célèbre maroquinier milanais. Fort d'un emploi stable qui lui permet d'approfondir ses connaissances techniques et de se familiariser avec les plus belles matières, il décide qu'il est temps de fonder une famille. Il épouse Aida Calvelli, une couturière, et entre 1905 et 1912 naissent ses fils Aldo, Vasco et Rodolfo, qui façonneront plus tard l'avenir de la famille. Ils ont deux autres enfants : Enzo, qui meurt à l'âge de neuf ans, et Grimalda. De plus, Guccio adopte Ugo, le premier fils d'Aida.

LES DÉBUTS À FLORENCE

Après la Première Guerre mondiale, la famille retourne à Florence. C'est là que Guccio Gucci ouvre en 1921 sa première boutique sur la Via della Vigna Nuova. Elle sera bientôt suivie d'une autre dans la même ville, sur la Via del Parione. Guccio Guccci se présente comme un ancien employé de Franzi et comme un spécialiste de la « maroquinerie anglaise ». Pour étoffer son affaire, il recrute les meilleurs artisans de la région, qu'il rassemble dans son propre atelier afin de contrôler de très près leur travail. Instruit par son long séjour à Londres, il produit, en plus des habituels bagages de voyage, des selles d'équitation et des sacoches. L'avènement de l'automobile lui fait comprendre que le marché de l'équitation est voué à disparaître, mais Guccio croit qu'il résistera dans les classes aisées :

il introduira souvent des références à l'équitation dans ses créations futures. Il comprend aussi que l'intégration des femmes dans la vie sociale et économique est inéluctable et, en 1924, il ajoute à son catalogue des sacs à main pour dames.

La marque Gucci commence à être reconnue pour la qualité de ses produits. Mais elle est rapidement confrontée à une difficulté inattendue : entre 1935 et 1936, la Société des Nations prend des sanctions économiques contre l'Italie de Mussolini, coupable d'une intervention militaire en Éthiopie, et lui interdit, entre autres, d'importer certains matériaux à usage industriel, comme le cuir. Gucci se voit contraint d'utiliser d'autres matières, comme le jute et le lin, bientôt suivies par les toiles de chanvre ou de coton.

Aldo Gucci, l'aîné, a intégré l'entreprise familiale dont il deviendra directeur général en 1953. Vasco, lui, s'est toujours fait plus discret. Quant à Rodolfo, il poursuit sous le pseudonyme de Maurizio d'Ancora une carrière d'acteur assez notable puisqu'il apparaît dans une quarantaine de films entre 1929 et 1946. Aldo est donc le plus créatif des trois. Son idée est de doter la marque d'une image distinctive qui concrétise son identité propre et la démarque de ses concurrents. C'est ainsi qu'est né un dessin avec des petits diamants imbriqués les uns dans les autres et qui composent un motif de losanges évoquant les facettes d'un diamant. L'imprimé présente aussi deux « G » marron foncé face à face – le monogramme Gucci – reliés entre eux sur un fond beige. Ce motif, baptisé « Diamond print », restera omniprésent dans le catalogue des produits Gucci. Aldo crée du même coup le logo de la société, ce fameux double G imbriqué, qui deviendra l'un des mieux identifiables et des plus fameux du luxe et sera décliné, plus tard, sur une infinité d'objets.

Une publicité des années 1960 parue dans la presse britannique exprime la philosophie d'Aldo Gucci : peu importe le prix d'un produit s'il est de haute qualité. Gucci, qui a été inspiré dès le début par les bagages qu'il voyait à l'hôtel Savoy de Londres, a fait de l'excellence sa principale marque de fabrique.

NOT COUNTING THE COST

Smooth travellers in the luxury class. Quintet of cases, ready to take flight in royal blue canvas, brilliantly strapped in scarlet leather, shiningly buckled in gilt. Three perfectly matched cases, stepped up in size. Impeccable hat box; light, flexible holdall, side-locking. The set costs £114 18s. or the pieces can be bought separately. All by Gucci, New Bond St, London

Pearls: Jewelcraft. Photograph by Frank Whitchurch

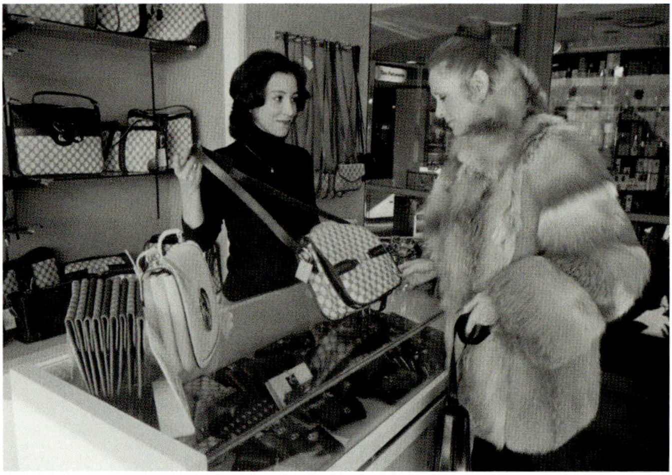

Le succès qui salue ses produits amène Gucci à ouvrir en 1938 sa première boutique à Rome. Elle est située sur la Via Condotti, considérée comme la « rue du luxe ». Depuis que Bulgari y a installé son atelier en 1884, cette artère est un haut lieu de la mode, de la joaillerie et des accessoires italiens. Avec ce parachutage au cœur de la capitale, Gucci cesse d'être une entreprise « provinciale » et aspire à se faire connaître dans toute l'Italie.

LE BAMBOU, LE SALUT

L'irruption de la Seconde Guerre mondiale en 1939 a stoppé net tous les projets d'expansion de la marque. Aux difficultés des années de guerre, qui ont plongé l'Italie dans la destruction, succèdent les difficultés économiques de l'après-guerre. Ce n'est qu'en 1947 que Gucci reprend ses activités. Cette année-là, il y a encore pénurie de matières premières, mais ceci n'en aiguise pas moins l'ingéniosité de la famille Gucci qui, la même année, dévoile le premier grand classique de la maison : le sac *Bamboo*.

Identifié à l'origine uniquement par son numéro de modèle, 0633, ce sac évoque, par sa forme, une selle d'équitation. Il se démarque par deux détails singuliers : une anse et un fermoir pivotant, tous deux en bambou. C'est un pari plutôt risqué, car le bambou, ce bois ultraléger et résistant, était inconnu jusqu'alors dans la mode. Importé directement du Japon, le bambou de Gucci a subi un traitement minutieux de laquage et de tournage au feu qui lui donne un aspect grillé distinctif. La combinaison de ces deux éléments – poignée et fermoir – connaît un tel triomphe qu'ils se voient intégrés à d'autres produits, tant à des sacs plus structurés qu'à des versions plus souples, participant ainsi au succès d'une marque dont la notoriété monte en flèche.

Le sac *Bamboo* a été adopté par de nombreuses stars du cinéma, qui sont du même coup devenues les meilleures ambassadrices de Gucci. L'actrice suédoise Ingrid Bergman, star mondiale depuis le film *Casablanca* (1942), joue dans *Voyage en Italie* (1954), un film de Roberto Rossellini dont une scène, tournée à Pompéi, la montre élégamment vêtue : elle y arbore un sac à main *Bamboo* et un parapluie avec une poignée en bambou – deux articles de Gucci. Outre la bienveillance d'Ingrid Bergman, l'amitié qui liait la famille Gucci à Michelangelo Antonioni, cultivée dans les cercles sociaux et culturels de Rome, a favorisé l'apparition répétée de sacs Gucci dans les films de ce réalisateur en vogue.

Le succès du sac *Bamboo* marque pour Gucci l'entrée dans une nouvelle ère. Mais avec les années, la santé de Guccio

Les sacs Gucci sont rapidement devenus synonymes de sophistication. À gauche, une cliente à la boutique Gucci de Washington, en 1979. À droite, le modèle *Jackie 1961*, conçu en 2020 par Alessandro Michele. Dans les deux cas, l'emblématique motif *Diamante* avec le monogramme double G imbriqué se distingue déjà.

L'élégance, c'est comme la politesse : on ne peut pas être poli seulement le mercredi ou le jeudi. Si vous êtes une personne élégante, vous devez l'être tous les jours de la semaine.

ALDO GUCCI

Gucci s'est dégradée. Ses trois fils vont assurer la direction de l'entreprise. C'est à cette époque qu'Aldo commence à travailler la peau de porc, un matériau plus malléable et moins coûteux que la peau de vache, qui permet donc de réduire les coûts de fabrication. En 1951, sous la direction de Rodolfo, qui a abandonné sa carrière cinématographique pour s'impliquer dans l'entreprise familiale, une boutique est ouverte sur la célèbre Via Montenapoleone, le cœur de la mode milanaise.

La même année, la société met au point ce qui va devenir un autre grand emblème : la bande *Web*, un ruban qui se compose de trois bandes verticales – une rouge centrale flanquée de deux autres vert foncé – se détachant sur le fond havane du monogramme Gucci. Le motif, attribué à Aldo Gucci, alors directeur de la création de la marque, est conçu en hommage aux premières pièces créées par son père, évoquant le raffinement de l'univers équestre. Fabriquée à l'origine en toile ou en cuir, cette bande rayée s'inspire des sangles qui fixent les selles aux corps des chevaux. Et les couleurs choisies, bien que rappelant le drapeau italien, se réfèrent plutôt aux vestes portées par les aristocrates britanniques lors des chasses au renard. Ce dessin simple mais frappant a été déposé en 1955 pour éviter la contrefaçon et la copie, et a rapidement gagné en popularité. Tout au long de l'histoire de la marque, la bande *Web* a essaimé sur une grande variété de matériaux et a été incorporée comme motif graphique sur

Deux modèles d'après le célèbre sac *Bamboo* : le *Bamboo Nymphaea* (en haut) et le mini fourre-tout *Gucci Diana* (en bas).

des valises, des sacs, des ceintures et des chaussures, entre autres très nombreux produits.

Les années 1950 ont consacré Gucci dans le monde du luxe et du glamour grâce à la qualité incontestée de ses produits. Il s'agit là d'une caractéristique forte de la marque, comme l'illustre le fameux slogan d'Aldo Gucci : « On se souvient de la qualité bien après avoir oublié le prix. » Son expansion consolidée en Italie, Gucci ouvre en 1953 sa première boutique aux États-Unis – pays qui, jusque-là, n'avait jamais abrité de marque de luxe italienne. Ce point de vente est domicilié dans l'hôtel

Gucci a intégré le bambou avec élégance dans ses créations. Cette combinaison sera explorée dans divers modèles tout au long de son histoire. Ici, l'actrice Ingrid Bergman porte un sac Gucci avec une anse en bambou lors d'une promenade avec ses enfants.

Savoy-Plaza de New York, émouvant souvenir de l'époque où Guccio Gucci travaillait au Savoy de Londres. Hélas, le patriarche fondateur ne peut savourer très longtemps cet hommage : il décède à Milan deux semaines plus tard, à l'âge de 71 ans.

LA CHAUSSURE QUI A TOUT CHANGÉ

À la suite de la disparition de son fondateur, l'entreprise se réorganise. Tandis que Vasco se voit relégué à un poste secondaire, Aldo, nommé président, et Rodolfo prennent fermement les rênes de l'entreprise. Quant à Grimalda, leur sœur, bien que son mari ait aidé financièrement l'entreprise pendant les années difficiles, elle n'est pas admise parmi les actionnaires, en accord avec le vœu du patriarche qui s'était clairement opposé à ce qu'une femme entre dans l'actionnariat. Ugo, pour sa part, avait déjà été

Le dessin du monogramme Gucci et la bande *Web* verte et rouge autour du fermoir confèrent à cette malle une esthétique vintage.

évincé en guise de punition pour avoir rejoint le mouvement fasciste au lendemain de la Première Guerre mondiale.

En 1953, Aldo présente une autre contribution majeure qui va propulser la marque : le mocassin à mors, baptisé *Horsebit*. Ce n'est certes pas la première chaussure créée par Gucci – Guccio avait déjà dessiné des modèles en 1932 –, néanmoins la création d'Aldo fait date, elle deviendra même un grand classique. L'inspiration lui est venue de ses fréquents voyages aux États-Unis, où il a remarqué la popularité des mocassins auprès des hommes : tout le monde en porte, des jeunes collégiens aux golfeurs, en passant par les cadres lors des conseils d'administration. Impressionné par cette chaussure qui associe confort et durabilité, Aldo décide de développer sa propre version.

Ce mocassin Gucci est plus fin que les modèles habituels, il présente un bout en amande et a été taillé dans un cuir noir de la plus haute qualité. Il en résulte au final une chaussure légère et flexible qui épouse le pied comme un gant. La société veille à ce que la fabrication soit confiée à ses meilleurs artisans : elles sont façonnées à la main à Florence, dans ce Palazzo Settimanni édifié sous la Renaissance, que Gucci vient d'acquérir pour y loger sa première grande usine. La touche Gucci qui distingue le mocassin de ses concurrents vient une fois de plus de l'univers de l'équitation : c'est une version miniature de cette pièce métallique reliée à la bride, et qui vient se loger entre les mâchoires du cheval. Appelée mors en français, elle orne le cou-de-pied du mocassin Gucci.

Avec son ornement doré évocateur d'élégantes chevauchées, le mocassin *Horsebit* connaît un succès immédiat. D'abord en Italie, où une version féminine est rapidement lancée quand on découvre que de nombreuses clientes

Ci-dessus, une paire de mocassins *Horsebit* des années 1970, avec la bande *Web* sous la pièce métallique caractéristique. À gauche, le producteur et réalisateur Francis Ford Coppola, portant des mocassins *Horsebit*, dans son studio de San Francisco en 1970.

de la boutique de Rome achètent pour elles-mêmes le modèle masculin. Lorsque la chaussure arrive aux États-Unis, son impact est colossal : les célébrités et les stars d'Hollywood en font aussitôt un pilier de leur garde-robe. John Wayne, Jackie Kennedy et sa sœur Lee Radziwill, l'un des « cygnes » (amies proches) de Truman Capote, Dirk Bogarde et Sophia Loren, le *Horsebit* chausse tous les pieds connus dans un esprit très précurseur de « glamour confortable ». Frank Sinatra s'est même constitué une collection personnelle de 40 paires ! Des années plus tard, en 1985, l'impact des mocassins *Horsebit* a été très officiellement reconnu, puisqu'ils sont entrés dans la collection permanente du Metropolitan Museum of Art de New York.

Gucci s'impose alors comme le meilleur ambassadeur du « style de vie italien », style qui s'était déjà fait connaître par le cinéma et la musique, et qui reposait sur le goût des plaisirs

Lea Naumann, mannequin et influenceuse allemande, complète son look avec un sac *Horsebit 1955* de Gucci, doté d'une lanière coulissante en bande *Web*, soixante-dix ans après sa création.

de la vie associé à une infaillible élégance. Aldo Gucci disait souvent : « L'élégance, c'est comme la politesse : on ne peut pas être poli seulement le mercredi ou le jeudi. Si vous êtes une personne élégante, vous devez l'être tous les jours de la semaine. » C'est ainsi que peu à peu, l'empire Gucci s'agrandit. Après le déménagement de la boutique new-yorkaise sur la très chic Cinquième Avenue et la venue d'un espace d'exposition, Gucci ouvre en 1961 une autre boutique à Palm Beach, ville de Floride où se croisent millionnaires, artistes et sportifs célèbres. Deux nouvelles boutiques sont ensuite ouvertes, l'une à Londres la même année, et l'autre à Paris en 1963. Cinq ans plus tard, la marque s'installe à Beverly Hills.

UNE QUESTION DE CHARISME

L'expansion de la marque Gucci n'aurait pas été possible sans les deux femmes qui accaparent l'attention des médias dans les années 1960 : Jackie Kennedy (plus tard Onassis) et Grace Kelly.

Mondaine riche et brillante, Jackie Kennedy est la femme la plus photographiée du pays depuis qu'elle a été sacrée, en janvier 1961, Première dame des États-Unis. Les paparazzis l'attendent à la sortie des restaurants, des musées, des boutiques et même de son appartement new-yorkais. Ses looks sont analysés dans les magazines de mode et deviennent du jour au lendemain des tendances. Cette année-là, à New York, des photographes la surprennent traversant la rue avec un sac à bandoulière en cuir marron, doté d'une courte lanière à boucle, sa forme de demi-lune rappelant une selle… Ce n'est autre que le modèle *G1244* de Gucci, lancé sous le nom

On se souvient de la qualité bien après avoir oublié le prix.
ALDO GUCCI

de *Fifties Constance*. Contrairement au style ampoulé qui caractérise ses concurrents luxueux, il s'agit là d'un sac élégant et polyvalent qui apporte aux femmes une touche décontractée. Spacieux et déstructuré, cet accessoire devenu emblématique de la marque italienne était un hobo bag, terme qui désignait à l'origine les émigrants européens qui parcouraient les États-Unis à la fin du XIXe siècle en transportant leurs maigres affaires dans une sacoche : voilà une vision très éloignée du luxe ! Jackie Kennedy ne l'a pas seulement choisi pour des raisons de style et de confort, mais aussi pour passer plus inaperçue : elle le porte avec ses fameuses lunettes de soleil surdimensionnées qui protègent son visage des paparazzis. En raison de la puissante influence du style de Jackie sur la mode, même après l'assassinat de John F. Kennedy en 1963, le sac est devenu le « sac Jackie ».

Grace Kelly, pour sa part, est une star de cinéma qui, après avoir remporté l'Oscar de la meilleure actrice en 1955 pour son rôle dans *Une fille de la province*, être apparue trois fois dans des films d'Alfred Hitchcock et avoir partagé la vedette avec Clark Gable, Gary Cooper, Cary Grant et James Stewart, renonce à une grande carrière à l'âge de 27 ans. Son élégance et sa beauté ont fait d'elle une icône de mode, ce dont Hermès se souviendra en lui dédiant le sac *Kelly*. Elle est très attentive à ses tenues. Ses costumes dans *Fenêtre sur cour* (1954) et *Haute Société* (1956) sortent des mains de grands stylistes, tels qu'Edith Head. C'est un coup de tonnerre lorsqu'on apprend qu'elle abandonne tout pour épouser le prince Rainier III en 1956 et devenir Son Altesse Sérénissime la princesse Grace de Monaco. À son mariage, elle porte une robe de mariée créée par une autre grande styliste d'Hollywood, qui devient sa couturière personnelle, Helen Rose.

En 1966, Grace et Rainier se rendent dans la boutique Gucci à Milan. La princesse, cliente régulière et adepte du sac *Bamboo*, souhaite voir les dernières nouveautés de la collection. Lors de la visite, ils sont accompagnés par Rodolfo Gucci en personne, attentif à toutes les demandes de ses illustres clients. Par courtoisie, il désire offrir un foulard à la princesse, mais il ne trouve rien qui lui paraisse à la hauteur. Il contacte alors Vittorio Accornero de Testa – un illustrateur, peintre et décorateur pour le théâtre et le cinéma, qui travaille avec Gucci depuis 1960 – et lui confie la création du foulard exclusif pour Grace.

Vittorio Accornero s'inspire alors du *Printemps*, le chef-d'œuvre de Sandro Botticelli, peintre majeur de la Renaissance, pour créer une fantaisie visuelle inondée de nature : il dispose le long du foulard jusqu'à 43 types de fleurs, de plantes et d'insectes, dans une composition pleine de lumière, de puissance et vie comprenant 37 couleurs et nuances différentes. Baptisé *Flora*, le foulard devient une pièce inséparable de la princesse Grace et l'accompagnera tout au long de sa vie, noué autour de son cou ou dans ses cheveux. Depuis sa création jusqu'à nos jours, cet imprimé n'a cessé d'insuffler la vie à d'innombrables robes, sacs, valises et autres accessoires. En 1981, la princesse Caroline de Monaco, fille de Grace, est photographiée par Slim Aarons à Monte-Carlo portant un chemisier orné du fameux imprimé. En 2013, *Flora* remontera sur scène à l'occasion de la campagne Forever Now, où Charlotte Casiraghi, la fille de Caroline de Monaco, figure en modèle d'exception.

Une foule se presse pour voir le couple princier Grace et Rainier de Monaco, sortir de la boutique Gucci à Rome en 1959. Leurs visites ont toujours suscité un grand enthousiasme.

GUCCI

UN IMPRIMÉ INTEMPOREL

Emblématique de Gucci, le motif *Flora*, créé à l'origine pour Grace Kelly, est devenu l'un des symboles de la marque. Au fil des ans, il a été réinterprété par différents directeurs de la création, sans jamais cesser d'être d'actualité : Frida Giannini l'a modernisé en conférant une touche contemporaine à son explosif ballet de fleurs et d'animaux, alors qu'Alessandro Michele l'a densifié en y rajoutant des motifs. Les deux créateurs ont propagé *Flora* au-delà des foulards, l'utilisant pour orner robes, sacs, chaussures et objets de décoration. Son côté champêtre soulignant l'origine naturelle de ces articles (soie, cuir...), *Flora* demeure un symbole puissant de Gucci, prêt à épouser les tendances sans écorner son identité.

L'imprimé *Flora* est revenu sur le devant de la scène en 1981, lorsque Slim Aarons a photographié Caroline de Monaco portant un chemisier en soie orné de ce motif.

À droite, un mannequin défile pour la collection printemps-été 2015-2016 d'Alessandro Michele, démontrant que le motif *Flora* s'adapte aux nouvelles tendances. Ci-dessous, l'imprimé original de Grace Kelly, grande icône de la mode qui l'a inspiré par son style frais et moderne.

UNE CRISE D'IDENTITÉ

Gucci a imposé définitivement son image d'excellence grâce aux photographies de stars comme Elizabeth Taylor ou Audrey Hepburn portant ses créations. Mais il faut attendre le milieu des années 1960 pour voir la marque commercialiser ses premières pièces de prêt-à-porter féminin : elles sont encore loin de constituer une vraie collection articulée autour d'un concept. Tout au long des années 1970, les présentations des nouveautés sont le plus souvent organisées dans de grands hôtels, comme le Plaza ou le Saint Regis à New York, devant un public de clientes triées sur le volet, si bien que leurs retombées médiatiques restent plutôt minces. Bien qu'Aldo Gucci ait vérifié de près tous les modèles et qu'il se soit montré très présent lors des présentations, on ne perçoit pas la patte d'un vrai directeur créatif derrière ces propositions, venues de designers et d'artisans maintenus dans l'anonymat. Elles n'en sont pas moins toutes plébiscitées par les clients les plus fidèles, issus de la haute société.

Entre-temps, la marque élargit ses activités : en 1972, une première boutique ouvre à Tokyo. Et à New York, au 699 de la Cinquième Avenue, apparaît la première boutique Gucci consacrée exclusivement à la mode féminine, les sacs à main et autres accessoires restant cantonnés dans la première adresse. En 1974 est lancé le premier parfum de Gucci, baptisé *No.1*, qui ouvre à la marque un nouvel horizon d'activité. Présentée dans un flacon classique, la fragrance a été conçue par le parfumeur grassois Guy Robert, elle combine des notes boisées mais surtout florales comme la rose, le jasmin et l'ylang-ylang. Très vite, ce parfum à la signature glamour et raffinée devient à son tour un symbole du style Gucci.

Sophia Loren quitte la boutique Gucci de Rome, en 1966. L'actrice, icône de la culture italienne, a été l'une des meilleures ambassadrices de la marque.

Malgré le formidable succès de la marque, la mort de Vasco Gucci en 1975 bouleverse le fragile équilibre familial. Aldo et Rodolfo se partagent le contrôle de l'entreprise : le premier guidera l'expansion mondiale, en particulier aux États-Unis, tandis que le second contrôlera la production depuis Milan. En coulisse, une nouvelle génération s'active à prendre du galon : Maurizio Gucci, le fils de Rodolfo, part travailler avec son oncle Aldo aux États-Unis, et Paolo Gucci, le fils d'Aldo, prend la direction du magasin et de l'atelier de Florence.

Ceinture en cuir avec le logo double G emboîté qui est utilisé comme boucle dans les années 1970.

En 1981, Gucci pose un nouveau jalon avec sa première collection complète de prêt-à-porter féminin, largement inspirée de l'imprimé *Flora*, qui se voit présentée dans la Sala Bianca du Palazzo Pitti à Florence. Ce défilé constitue le premier pas vers une participation à la Semaine de la mode de Milan, objectif avoué de la marque. Cet événement est un succès qui élargit l'assise de Gucci et amplifie son influence. Ainsi, on voit bientôt l'imprimé *Flora*, la bande *Web*, le logo double G et le monogramme Gucci inonder peu à peu le marché. Rien d'étonnant à découvrir ces emblèmes apposés sur les articles phares. Mais ils siglent également toute une ribambelle de produits, allant des fournitures de tennis aux objets de décoration, en passant par les articles pour chiens de compagnie. Rien qu'aux États-Unis, Gucci possède 36 boutiques en propre et 600 points de vente. Cette densification stimule des contrefaçons toujours plus nombreuses, qui consolent le dépit de ceux qui n'ont pu s'offrir les très coûteux articles d'origine. Posséder un Gucci devient un symbole de richesse et de réussite.

Dans les années 1980, la société connaît une période de turbulences. Paolo Gucci, ancien chef du design et vice-président du marketing, est surpris en train de dessiner secrètement des sacs à main pour une autre société. La société le licencie rapidement et intente un procès, mais cette affaire, très suivie par la presse, va nuire à la réputation de l'entreprise. D'autant que le tribunal rejette l'accusation, si bien que Gucci réintègre Paolo... Mais la situation empire en 1983, avec la mort de Rodolfo. Son fils Maurizio, installé à New York, hérite de ses parts et s'allie à son cousin Paolo, lequel continue à collaborer avec d'autres marques en tant que designer, tout en utilisant le nom de la famille. Après une nouvelle dénonciation, Paolo vend sa participation minoritaire à Maurizio et, pour se venger, dénonce son propre père. C'est ainsi qu'en 1986, à l'âge de 81 ans, Aldo Gucci se voit condamné pour fraude fiscale à un an et un jour de prison et doit renoncer à siéger au conseil d'administration. Maurizio Gucci se retrouve ainsi seul maître de la destinée de Gucci. Il n'a hélas pas l'expérience commerciale de son père et de ses oncles. L'une de ses premières décisions est d'offrir à Domenico De Sole, l'avocat qui représentait la famille au procès contre Paolo, la présidence de Gucci America.

DÉCLIN ET TRAGÉDIE

Les querelles familiales et la mauvaise gestion de l'entreprise ont fait chuter la réputation de Gucci. Il n'y a pas de contrôle créatif ou financier, les collections se renouvellent peu, un sentiment de paralysie commence à se répandre. On attend le changement de direction qui éviterait le désastre. La solution survient par un détour inattendu. En 1988, Domenico De Sole persuade Maurizio Gucci de vendre 47,8 % des actions de Gucci au holding anglo-arabe Investcorp, basé à Bahreïn : cette importante cession semble seule à même de sauver les comptes de la société ! Domenico De Sole, toujours plus influent dans l'entreprise, propose en outre d'engager Dawn Mello, présidente de Bergdorf Goodman, le grand magasin tendance du luxe à New York, qui aura la mission de réorganiser et revitaliser Gucci. Elle arrive accompagnée de Richard Lambertson, responsable des accessoires de la même société, qui se voit pour sa part nommé directeur du design. C'est donc bien Dawn Mello qui, en 1990 – l'année même de la mort d'Aldo Gucci – va nommer à la tête de la ligne de prêt-à-porter un créateur inconnu, du nom de Tom Ford. Une éclipse s'ensuit, où tous les points de vente sont fermés, ce qui divise par deux le chiffre d'affaires. Mais parallèlement, la maison élabore une nouvelle gamme de produits qui doivent renouer avec le luxe et l'excellence associés jadis au nom de Gucci.

Le rideau tombe en 1993, quand Maurizio Gucci, criblé de dettes, vend la totalité de ses actions à Investcorp pour 170 millions de dollars. Une histoire s'achève : l'illustre marque italienne n'appartient plus à la famille qui l'a créée. Deux ans plus tard, un événement tragique achève le naufrage de la saga familiale : dix-huit mois seulement après avoir cédé la société, le 27 mars 1995, Maurizio Gucci est assassiné devant son bureau milanais par un tueur à gages engagé par sa première épouse, Patrizia Reggiani. « Lady Gucci », comme l'avaient surnommée les tabloïds, a été condamnée en 1998 à 29 ans de prison pour meurtre avec préméditation. Elle n'a jamais reconnu son implication dans l'assassinat.

Après cette fin tragique, la marque Gucci se trouve libérée de tout lien avec la famille qui lui a donné vie, l'a fait grandir et prospérer. Elle est prête à conquérir les sommets de la mode.

Ensemble kimono et pantalon de soie Gucci, l'un des looks de la première collection de prêt-à-porter de la marque (1981), présentée à Londres.

L'ART DE LA SÉDUCTION

Durant ses cinq années passées à la tête de Gucci, le talent et l'intelligence de Dawn Mello se révèlent décisifs pour engager la société sur la voie de la renaissance. Forte d'une solide expérience chez Bergdorf Goodman et d'un instinct sûr pour repérer les nouveaux talents, l'Américaine imprime une marque indélébile sur l'entreprise. Joe Cicio, cadre dans le département de la vente au détail, déclare : « [Dawn Mello] est douée d'une vision extraordinaire. Si elle vous demande de jeter un coup d'œil à quelque chose, aux croquis d'un nouveau créateur ou à un portfolio, vous le faites. » Miss Mello, comme on l'appelle à New York dans la mode, dit que son travail consiste à épanouir le talent de ceux qu'elle distingue. C'est ce qu'elle a fait avec des créateurs comme Michael Kors, Azzedine Alaïa, Giorgio Armani, Gianfranco Ferré et Donna Karan, offrant à cette dernière la première grande opportunité de se faire un nom dans un secteur extrêmement compétitif.

Lorsque Maurizio Gucci l'engage en 1989, Dawn Mello trouve une entreprise à la dérive : des produits peu élégants qui abîment l'aura de la marque, un excès de l'offre et des licences, des imitations de mauvaise qualité et, surtout, l'absence d'une direction forte qui alignerait le groupe vers un projet unique et défini. Pour renverser la situation, tous les points de vente sont fermés et la stratégie de communication se trouve modifiée afin de pouvoir concurrencer des géants tels que Louis Vuitton. Mello engage la créative Maria Scott de l'agence de publicité McCann Erickson et opte pour une campagne centrée sur le produit plutôt que sur des paysages ou des mannequins ambitieux : « Nous voulions un format propre et net. Nous n'avions pas encore décidé de notre image. C'est pourquoi nous n'avons pas utilisé de mannequins avant la saison 1991. »

Dawn Mello, l'une des rares dirigeantes femmes dans le secteur du luxe, va restructurer l'ensemble de la production. Elle fait savoir, en outre, que l'avenir de la maison dépend de son aptitude à percer dans la mode féminine. Elle rapatrie en Italie le siège de Gucci, qui était basé à New York depuis des années. Le message est très clair : pour retrouver son statut de marque sophistiquée et contemporaine, Gucci doit renouer avec ses racines et donc avec ses ateliers, ceux-là même où les meilleurs artisans créaient des produits parfaits, exclusifs et uniques, conformes à l'héritage de Guccio Gucci.

En 1990, Dawn Mello engage Tom Ford, un jeune designer inconnu, et lui confie la création d'une ambitieuse collection

Le style séduisant et provocateur des créations de Tom Ford pour Gucci est devenu sa marque de fabrique. Sur la photo, Carmen Kass défile pour la collection printemps-été 2002-2023.

de prêt-à-porter féminin, des vêtements modernes et audacieux qui vont surprendre tout le monde. Néanmoins, les tensions entre les membres de la famille Gucci jointes aux problèmes financiers conduisent Mello à retourner chez Bergdorf Goodman en 1994, laissant la société entre les mains de Tom Ford et de Domenico De Sole, l'avocat de Gucci devenu une figure clé de l'entreprise. L'influence de la dirigeante sur la marque a semblé perdre de sa force au fil du temps. Fern Mallis, directrice exécutive du Council of Fashion Designers of America et bonne fée de la Fashion Week de New York, le dit clairement : « Dawn n'a jamais eu assez de crédit pour être la personne qui a complètement réinventé Gucci. »

UN JEUNE HOMME AVEC DES ASPIRATIONS

Tout comme Dawn Mello avant lui, Tom Ford officie dans une entreprise en proie au doute, avec la charge d'une grande responsabilité : créer une collection de prêt-à-porter, défi qui ne semblait pas correspondre à son expérience. Lorsqu'il rejoint Gucci, il n'a que 29 ans et un CV très mince. Né en 1961 à Austin, au Texas, Tom Ford s'installe à New York à 18 ans pour étudier l'histoire de l'art. Il est rapidement fasciné par l'énergie de la ville, qui laisse derrière elle les sombres années 1970, marquées par la crise économique, et embrasse les vibrantes années 1980, pleines de nouvelles opportunités.

Le lieu qui incarne le mieux l'optimisme de cette époque est la célèbre boîte de nuit Studio 54. Tom Ford la connaît bien. Grâce à des camarades de son université, le designer a réussi à s'y faire admettre et il y rencontre l'entourage d'Andy Warhol. Le

C'est toujours un jeu sur des idées simples, mais celui-là permet de retrouver l'excitation de se sentir sexy.
AMBER VALLETTA

club est un lieu de rencontre pour les célébrités et les mondains new-yorkais, mais aussi pour tous ceux qui – comme Ford – parviennent à franchir le contrôle de sécurité drastique, admission plus facile lorsqu'on porte une tenue vestimentaire remarquable. Sur la piste de danse, on croise Mick Jagger, Diana Ross, Liza Minnelli, Grace Jones, Liz Taylor, Elton John… Mêlés à des créateurs comme Roy Halston, Calvin Klein, Diane von Fürstenberg, Norma Kamali et Stephen Burrows. Ces soirées au Studio 54 font forte impression sur Tom Ford : les robes métalliques à paillettes reflétant la lumière des projecteurs, les décolletés plongeants, les pantalons moulants en lycra portés sur des talons aiguilles ou des bottines à plateforme, qui bousculent les conventions de la mode, nourrissent déjà l'inspiration du futur créateur.

Après sa première année d'université, Ford décide de tenter sa chance à Los Angeles en tant que mannequin et acteur. De retour à New York en 1983, il étudie l'architecture et la décoration intérieure à la prestigieuse Parsons School of Design. Avant d'obtenir son diplôme, il passe six mois à Paris, où il travaille comme assistant presse pour la prestigieuse maison de couture française Chloé, décrochant ainsi son premier emploi dans la mode.

Il en revient fasciné. Malgré son peu d'expérience, il cherche un emploi dans le prêt-à-porter. Lors des entretiens, il ne précise pas ses études et fait passer son bref séjour chez Chloé pour une véritable immersion dans la mode. À force d'insistance, il parvient à se faire embaucher par Cathy Hardwick, une créatrice de sportswear américaine. Impressionnée par son bagout et son charisme, elle l'engage dans son atelier, où il va travailler deux ans comme assistant.

En 1988, Ford reçoit un appel du jeune designer Marc Jacobs, qui l'invite à rejoindre Perry Ellis, où Jacobs dirige la création. Cette nouvelle collaboration le met mal à l'aise assez vite. Il s'y sent frustré par un style, celui de la mode américaine, qui lui paraît manquer de sophistication et bride sa créativité : « Ma propre culture m'inhibait. Trop de ce qui se fait en Amérique est de mauvais goût. Il y est mal vu d'être trop élégant. Les Européens, en revanche, apprécient le style », raconte-t-il.

Son désir d'un ailleurs va se concrétiser lorsque Dawn Mello l'auditionne comme candidat pour Gucci. L'une des conditions du poste est de s'installer à Milan. Cette exigence a découragé de nombreux candidats, mais Tom Ford l'accepte avec enthousiasme, trop heureux de trouver un environnement neuf où sa créativité pourra s'exprimer.

Dawn Mello et Tom Ford dans l'atelier de fabrication des sacs à main Gucci à Milan en 1992.

EN COMMENÇANT PAR LE BAS

Tom Ford débarque à Milan en septembre 1990. Il est accompagné de son partenaire, le journaliste de mode Richard Buckley. Ses premières années chez Gucci sont un temps d'apprentissage, au cours duquel il commence à mettre en pratique certaines idées tout en débroussaillant la situation complexe de la société, détrônée par Armani et Versace comme incarnation du style italien dans la mode.

Lorsque Richard Lambertson quitte la direction de la création chez Gucci, en 1992, Tom Ford reprend le flambeau, prenant le contrôle du prêt-à-porter, des parfums, de la décoration intérieure des boutiques et des campagnes publicitaires. Ce sont des années intenses, où les journées de travail atteignent parfois 18 heures. Hélas, ses créations ne convainquent pas le dernier étage, où Maurizio Gucci a toujours son bureau. Dawn Mello résume leurs deux visions antagonistes de la mode : « Maurizio a toujours voulu que tout soit rond et brun, et Tom voulait que tout soit carré et noir. »

En 1994, après le départ de Dawn Mello, Tom Ford, qui a entretemps gagné la confiance absolue de Domenico De Sole, se voit nommé directeur artistique de Gucci. En 2003, dans une interview pour le magazine *GQ*, le créateur expliquera comment cette opportunité a changé ses perspectives de carrière : « Quand je suis arrivé, Gucci ne faisait pas les vêtements auxquels le public s'attendait, et il n'y avait pas vraiment de grands défilés. Je me suis dit que si je connaissais tous les fabricants et que j'apprenais comment les choses se font en Europe, alors je pourrais lancer ma propre marque. Mais lorsque je suis devenu directeur artistique, j'ai réalisé que je n'en aurais pas

besoin : c'était comme si Gucci était devenu ma propre marque, j'ai mis toute ma personnalité dans la maison Gucci. »

À l'époque, Tom Ford est un créateur pratiquement inconnu. L'équipe de communication de l'entreprise doit mettre les bouchées doubles pour assurer la présence de la presse spécialisée à son premier défilé de prêt-à-porter féminin, qui se déroule en octobre 1994 à Milan. Malgré le faible niveau d'attente, certains critiques suggéraient déjà que la mode disposait là d'un nouveau grand créateur ayant beaucoup à apporter, même s'il n'avait pas encore trouvé le moyen de transmettre sa vision.

Dans un premier temps, Ford s'efforce de satisfaire les attentes de Maurizio Gucci : il reste fidèle à l'héritage de la marque et actualise les modèles insubmersibles de Gucci. Les tissus et les jupes évasées qu'il présente sont donc plus une révision nostalgique de cet héritage qu'une affirmation de son propre style. Déçu par l'indifférence de la presse, il envisage même de quitter Gucci après le défilé. Sa tentative de créer des vêtements qui donnent aux femmes l'envie de les porter semble avoir échoué.

Jusque-là, l'image de Gucci est associée à des célébrités portant un sac à main, un foulard ou des mocassins *Horsebit*, si bien que les vêtements de la marque passent inaperçus. Tom Ford va inverser la situation. Tout d'abord, il change la mise en scène des défilés : l'éclairage, traditionnellement diffus, est modifié pour se focaliser sur les mannequins et leurs tenues, qui deviennent ainsi le centre de l'attention. Puis il dévoile la tendance émergente de l'époque. Les couleurs pastel, les vêtements amples des années 1980 et même le grunge n'étaient plus à la mode : les gens voulaient se sentir à nouveau séduisants. En 1995, lors de la présentation de la collection homme

Tom Ford s'est impliqué dans de nombreuses causes caritatives. Ce portrait de 1997 a été réalisé avant le gala Gucci Benefit for AIDS Project Los Angeles, un événement qui a permis de récolter des fonds pour soutenir la lutte contre le sida.

GUC

à Florence, Ford s'inspire de la mode des années 1970, qui commence alors à gagner en popularité. Il y présente un mocassin *Horsebit* plus mince et plus fin, en noir et en rouge, avec des garnitures en métal argenté au lieu du doré, ce qui lui donne un aspect plus décontracté. Il éblouit par son utilisation du velours et de couleurs vives telles que l'orange et le jaune citron, combinant des pantalons pattes d'eph taille basse avec des chemises en soie ouvertes jusqu'au nombril. Sa vision d'un Gucci à son image, c'est-à-dire sexy et provocateur, fait mouche.

Deux mois plus tard, devant des journalistes attentifs cette fois au nouveau style de Gucci, Tom Ford double la mise avec la collection printemps-été 1995-1996. Les vêtements accrocheurs et les coupes provocantes surprennent agréablement le public. À la fin du défilé, Tom Ford brise une autre règle tacite : jusqu'à présent, les créateurs de Gucci ne venaient pas saluer le public, la marque devant rester seule en vedette. Mais cette fois, Tom Ford fait son apparition. Et déchaîne une standing ovation. Une star est née.

Pages précédentes
Amber Valletta et Helena Christensen portent deux modèles de la collection automne-hiver 1995-1996 de Gucci, un défilé qui a révolutionné le monde de la mode avec son esthétique sexy et audacieuse inspirée des nuits new-yorkaises.

TOUS LES REGARDS SE TOURNENT VERS LES PODIUMS

Tom Ford a trouvé sa voie. Il va aller beaucoup plus loin en concevant la collection femme automne-hiver 1995-1996, là encore inspirée par les folles années 1970 et leurs nuits new-yorkaises. Les mannequins arborent des blouses en satin et des hauts en soie ouverts jusqu'au nombril, dévoilant leurs dessous sans complexe, ainsi que des pantalons en velours ou en soie, serrés à la cuisse et amples au mollet, si longs qu'ils ne laissent à nu que le talon de la chaussure et donnent aux mannequins une silhouette élancée. Les robes, dont la taille basse est soulignée par une ceinture fine, ont été étudiées pour séduire. Mettant l'accent sur les hanches plutôt que sur la taille, Tom Ford a en outre choisi des tissus sensuels et luxueux animés par des couleurs vibrantes : bleu cobalt, citron vert, violet, chocolat… Le vénérable mocassin *Horsebit*, devenu un incontournable unisexe, est bien sûr de la partie, dûment révolutionné dans sa version féminine avec un modèle plat et un autre au talon de couleur chocolat. Sur le podium, cette image sensuelle, glamour et courageuse est défendue, entre autres, par les mannequins Kate Moss et Amber Valletta. Cette dernière déclare après le défilé que l'expérience a été totalement différente de tout ce qu'elle a vu auparavant dans la mode. « C'est toujours un jeu sur des idées simples, mais celui-là permet de retrouver l'excitation de se sentir sexy. » La collection connaît un grand succès auprès de la critique et se double d'un succès commercial immédiat. On y voit même l'ébauche d'une révolution : Tom Ford est venu habiller une nouvelle femme en pulvérisant tous les préjugés.

La presse de mode et les grands médias commencent à parler du créateur comme d'un génie. Amy M. Spindler, critique de mode au *New York Times*, note l'impact inattendu de l'interprétation de Gucci par Tom Ford, alors qu'on pensait très difficile pour une entreprise aussi bien établie d'opérer une mue à ce point radicale. Selon Mrs Spindler, Tom Ford faisait partie d'un mouvement qui avait redonné aux stylistes l'initiative des tendances émergeant de la rue. Des années plus tard, le créateur se reconnaîtra le mérite d'avoir « démocratisé » Gucci : il a non seulement rendu la marque plus importante qu'elle ne l'était

the video music awards
the video music awards
the video music awards
the video music awards

à son arrivée, mais il a aussi permis à un plus grand nombre de participer au rêve de luxe et de glamour qu'elle représentait : « Nous sommes devenus la marque de luxe de masse. Peut-être la première, ou l'une des premières. »

L'impact de la collection se renforce un mois plus tard, lorsque Madonna se présente aux MTV Video Music Awards, organisés au Radio City Music Hall de New York. La reine de la pop y reçoit son prix habillée en Gucci. Sa tenue provient de la même collection, elle se compose d'une chemise en satin bleu au décolleté plongeant et d'un pantalon en satin noir, que vient souligner la ceinture *Horsebit* réinventée par Ford. L'image, vue par des millions de personnes, a encore renforcé l'influence de la collection de Tom Ford.

Madonna a ébloui les MTV Video Music Awards de 1995 dans ce total look Tom Ford pour Gucci.

L'EFFET TOM FORD

Ce grand succès fait monter très haut les attentes concernant la collection suivante de Tom Ford, celle de l'automne-hiver 1996-1997, qui va effectivement se révéler la plus percutante de toutes celles que le Texan signera chez Gucci. On y voit défiler sur le podium quelques-unes des inspirations qui marqueront ses dernières années : des costumes de couleur sombre ou à rayures, des vestes de velours rouge rubis et bleu électrique, ainsi que des chemises et des chemisiers coupés à la taille, combinés à des pantalons évasés et cintrés, avec l'inévitable ceinture ultra-fine. Mais la vraie star du défilé n'est autre que sa collection de robes blanches en maille de soie, qui épousent à la perfection le corps des mannequins tout en ménageant des fentes audacieuses aux épaules, dans le dos et sur les hanches, et mettent la silhouette en valeur. Associées à des ceintures dorées et à d'élégants talons aiguilles, ces robes minimalistes et sophistiquées ont résisté à l'épreuve du temps, puisque l'une d'entre elles est revenue défiler en 2022 sur le tapis rouge du Festival de Cannes, en habillant avec succès le mannequin américain Bella Hadid.

Cette collection semble à première vue moins risquée que la précédente, mais elle va pourtant plus loin. Elle propose en effet un total look, qui se veut presque une esthétique : luxueux et sensuel, il panache les influences de certains des « maîtres » de Tom Ford : Yves Saint Laurent pour les vestes du soir androgynes, Roy Halston avec les robes blanches ou Elsa Peretti dans les accessoires dorés. Ces créations en clin d'œil à la haute couture, sont très adaptées aux podiums. Elles conviennent à merveille aux femmes représentant, par exemple, une marque prestigieuse lors d'un événement de luxe car elles y trouvent un moyen de projeter une image élégante, sensuelle et sophistiquée. Comme Tom Ford le reconnaît lui-même, à cette époque où les téléphones portables n'existaient pas, « vous n'aviez que 13 minutes pour présenter quelque chose qui ébranlerait vraiment les gens. Puis les convaincre, et rendre ça beau si beau qu'ils en pleurent ».

Ces trois premiers défilés ont institutionnalisé la singularité et l'influence de Tom Ford. Cathy Horyn décrit ainsi son style : « Dans la tradition de créateurs comme Bill Blass, Coco Chanel et Yves Saint Laurent, Tom Ford était conscient qu'il devait dessiner pour une femme réelle, et non pour une créature en carton. » En outre, son propre style – toujours élégant, avec un costume ou un smoking en velours noir et une chemise blanche déboutonnée – est devenu une marque de fabrique reconnaissable, à l'instar du catogan et des lunettes noires de Lagerfeld.

Défilé automne-hiver 1996-1997. La collection présentait des costumes à rayures et des robes en tricot de soie blanche avec des décolletés suggestifs. Pour l'homme, Ford revendique l'utilisation de foulards aux couleurs vives, de chemises en velours et en satin.

Pour Gucci, l'« effet Tom Ford » est une bénédiction inattendue. Dès le départ, le créateur a trouvé un allié de taille en la personne de Domenico De Sole, devenu PDG de la société. Les deux hommes partagent une même vision : pour redevenir une marque désirable, Gucci doit retrouver son glamour. De Sole se charge de remettre à plat et redimensionner les différents secteurs de l'entreprise pour augmenter leur rentabilité, et Ford a pour mission de focaliser l'attention du public sur Gucci en multipliant les créations audacieuses. Tom & Dom, comme on les appelle bientôt, ne tardent pas à recueillir les premiers fruits de leur travail : au cours des neuf premiers mois de 1995, les ventes de Gucci atteignent 342 millions de dollars, soit le double de l'année précédente.

En se consacrant corps et âme à sa tâche, Ford s'est magistralement imposé dans la mode. Le public attend désormais de chaque collection Gucci des innovations qui surprendront par leur côté provocateur. Telle était d'ailleurs l'intention du créateur, dont le style personnel obéit à un axiome simple : pour qu'un vêtement soit sexy, il faut que la personne qui le porte se sente elle aussi sexy. C'est pourquoi il accorde parfois plus d'importance au corps nu des mannequins qu'aux vêtements eux-mêmes. Avec la collection printemps-été 1997-1998, il va pousser cette idée à l'extrême.

À cette occasion le podium voit défiler des tenues à la fois sensuelles et minimalistes, mais aussi beaucoup de vêtements moulants, pantalons en cuir taille basse, jupes crayon, blouses en soie et robes aux lignes épurées, flatteuses pour la silhouette. Une pièce va beaucoup marquer les esprits. C'est la plus petite de toutes : le premier string de Gucci. Si d'autres créateurs, comme Jean-Paul Gaultier, avaient déjà intégré la lingerie dans

Kate Moss défile pour la collection printemps-été 1997-1998, un défilé minimaliste et sexy où les motifs jouent avec la peau nue comme s'il s'agissait d'un tissu comme un autre.

Lors de la cérémonie des MTV Video Music Awards de 1996, l'actrice Gwyneth Paltrow a porté l'un des looks emblématiques de Tom Ford : le smoking en velours rubis.

le prêt-à-porter, Tom Ford s'en distingue en mettant l'accent sur le message : son string – une étroite bande de cuir avec un triangle minimal à l'avant et doté de sangles ornées du logo double G – est présenté comme un élément d'une tenue complète, ou joue les traits d'union entre le bas et le haut. Mais cette première provocation est bientôt éclipsée par une autre : un string pour homme parade sous les projecteurs ! Comme Tom Ford l'a reconnu lui-même, il n'a pas été facile de trouver un mannequin acceptant de défiler seulement vêtu de ce sous-vêtement et de bottines. Les réactions à ce « scandale » sont diverses, certains fans applaudissant son courage, d'autres l'accusant de déprécier l'héritage de Gucci en transformant son style luxe cool en porno chic – une tendance qui émergeait déjà dans la mode. La journaliste Suzy Menkes écrit ainsi : « La collection de Tom Ford relevait plus du gadget que d'une véritable énergie créatrice. »

En réalité, le designer a travaillé en profondeur les détails clés de sa vision. Il commence à estomper les frontières entre les modes masculine et féminine, en introduisant des chemises fluides ouvertes jusqu'au nombril, des vestes en velours ajustées dans les tons des années 1970, des pantalons à taille basse... qui conviennent aussi bien aux hommes qu'aux femmes. Ce look androgyne rend un hommage marqué au smoking, le plus « habillé » de tous les vêtements, et notamment au fameux modèle d'Yves Saint Laurent qui combinait des éléments des deux sexes et qu'Helmut Newton avait immortalisé en 1975 dans une célèbre série de photographies en noir et blanc.

Ce style a séduit des stars de cinéma comme Gwyneth Paltrow : au gala des MTV Awards de 1996, elle porte un tailleur en velours rubis de la collection automne-hiver.

LA CRÉATION D'UN GROUPE

À mesure que les succès de Tom Ford fortifient le renom de Gucci, la marque ne tarde pas à apparaître dans les pages du *Financial Times* et du *Wall Street Journal*. Bernard Arnault, PDG et fondateur du groupe LVMH (Louis Vuitton-Moët Hennessy), le plus grand conglomérat au monde de marques de luxe, lance une offre publique d'achat (OPA) hostile afin de devenir l'actionnaire majoritaire de Gucci. Domenico De Sole s'oppose à cette prise de contrôle qui pourrait reléguer Gucci à un rang secondaire. Grâce à ses contacts et à son prestige alors au zénith, il réussit à convaincre François Pinault d'acquérir l'entreprise. L'homme d'affaires français est le président et fondateur du groupe PPR (Pinault-Printemps-Redoute), un conglomérat initialement axé sur le commerce de détail et qui n'est associé au luxe que de loin. Il va pourtant devenir le nouvel actionnaire majoritaire de la société en 1999.

Tom Ford est au centre des négociations, au titre d'atout majeur de la société : sans son leadership, Gucci n'aurait probablement pas pu surmonter la crise que la marque traversait au début des années 1990.

Les projets qu'il propose de concert avec De Sole à François Pinault sont très ambitieux : transformer Gucci en pierre angulaire d'un groupe de luxe capable de rivaliser avec LVMH.

La première pierre pour bâtir cet empire est l'acquisition d'Yves Saint Laurent, maison emblématique s'il en est de la haute couture. La transaction est conditionnée à l'arrivée de Tom Ford à la tête du prêt-à-porter. Yves Saint Laurent, affaibli par de longs problèmes de santé, où reviennent addictions et dépressions, décide alors de se consacrer exclusivement à la haute couture jusqu'à sa retraite en 2002. Parmi les raisons de ce choix figurent les tensions avec Tom Ford, au vu de la nouvelle direction que le créateur souhaite imprimer à la marque.

Par une autre décision majeure, Tom Ford transfère à Londres le studio de création de Gucci, auparavant domicilié à Rome. La métropole britannique devrait être mieux à même d'insuffler à Gucci le cosmopolitisme et l'énergie qui manquent parfois à la capitale italienne. Par ailleurs, il part du principe que le nouveau groupe – qui s'est agrandi en 2001 avec l'acquisition de Balenciaga et de Bottega Veneta – ne peut pas dépendre d'un unique designer capable d'assurer seul la direction créative. Avec Domenico De Sole, il décide de nouer des collaborations stratégiques avec des talents émergents qu'il estime ou admire – Stella McCartney, Tomas Maier et, surtout, Alexander McQueen –, sachant qu'ils apporteront une vision nouvelle et différente. Cette approche collaborative se conclut avec le rachat intégral de leurs marques respectives par le groupe PPR, nouvel empire du luxe qui voit ainsi s'élargir son influence et ses terrains d'activité.

Certains ont critiqué le parcours de Tom Ford, estimant qu'il gaspillait ses talents créatifs dans des opérations commerciales. Loin de réfuter cette accusation qui l'a poursuivi tout au long de sa carrière, le Texan l'assume : il a toujours été clair qu'il était un créateur commercial. « Je suis à moitié homme d'affaires, à moitié créateur, et il en a toujours été ainsi. Je possède une sorte d'intuition qui est associée à mon type de cerveau commercial. Avec elle, vous savez ce qui va marcher. Vous le sentez. »

S'il consacre ses forces à Gucci et à Yves Saint Laurent, Tom Ford veut un soutien sur les autres fronts. Pour diriger la ligne d'accessoires de Gucci, il embauche la styliste romaine

Maillot de bain imprimé python de la collection femme printemps-été 2000-2001, une proposition glamour et audacieuse.

Page 61
Les créations masculines de Ford, comme ce costume en cuir matelassé (à gauche), incorporent souvent des accessoires communément féminins, tels que des foulards en soie. D'autres vêtements pour hommes (à droite, haut et bas) se distinguent par leurs imprimés hypnotiques.

Frida Giannini, qui travaillait comme responsable de la conception des sacs à main chez Fendi et qui intègre donc son équipe de collaborateurs.

LA PROVOCATION EST SEXY

Tom Ford n'a jamais perdu son zèle provocateur, même s'il l'a toujours canalisé sur son terrain de prédilection : les podiums. Il sait l'énergie que peuvent insuffler la sensualité et l'érotisme. Puisqu'il contrôle en totalité l'image de Gucci, le créateur estime que le moment est venu d'approfondir le style entrevu dans ses collections de prêt-à-porter. Il est convaincu que le monde de la mode applaudira le message qu'il veut transmettre avec ses vêtements : un style de vie hédoniste, ouvert et gratifiant, qui fait du corps un protagoniste aussi central que le vêtement.

Si elle n'a pas été la première à injecter de l'érotisme dans ses campagnes, la marque Gucci dirigée par Tom Ford va révolutionner le marketing en combinant la sophistication du luxe avec la sensualité du pouvoir. Une politique bien attestée chez d'autres marques, notamment Versace et Dolce & Gabbana, mais qui atteint chez Gucci son expression maximale à l'occasion de la campagne associée à la collection printemps-été 2003-2004. Les images qui en font la promotion se révèlent aussi fortes que controversées : elles montrent des mannequins dans des attitudes clairement sexuelles, quand ce ne sont pas des rôles de soumission. Le plus grand scandale est causé par une photographie d'un mannequin dont les sous-vêtements baissés révèlent ses poils pubiens rasés en forme de double G. Une vague de critiques met au pilori cette image de mauvais goût : Tom Ford se voit accusé de profaner le logo Gucci, l'un des emblèmes respectés de la mode italienne. Mais pour sa part, le créateur jubile : « C'est génial. Depuis 1995, nous sommes célèbres pour notre côté sexuel et provocateur. Et c'est exactement ce que nous faisons. »

Cette campagne, tout comme celles qui ont modernisé la marque Gucci, résulte du travail collectif d'une vaste équipe, où se distinguent les contributions majeures du directeur artistique américain Doug Lloyd, de la styliste française Carine Roitfeld et du photographe péruvien Mario Testino. Roitfeld, qui deviendra plus tard rédactrice en chef de *Vogue Paris*, a débuté comme mannequin et styliste au magazine *Elle*. De son propre aveu, elle ne s'était jamais considérée comme une grande styliste jusqu'à ce qu'elle rencontre Mario Testino. Le Péruvien, pour sa part, a débuté sa carrière à Londres en réalisant des books pour les aspirants mannequins. Il s'installe ensuite à New York et y développe un langage photographique singulier qui l'amène à devenir l'un des photographes de mode les plus réputés. En 1994, Tom Ford est fasciné par une séance photo pleine d'énergie et de désinhibition, réalisée par Roitfeld et Testino pour l'édition française de *Glamour*. Il décide qu'il s'agit là de l'image parfaite pour vendre sa vision du luxe – un luxe qui serait sexy, provocateur et décomplexé –, et il embauche les deux comparses pour créer sa première grande campagne Gucci, qui accompagnera la collection automne-hiver 1995-1996.

Sous l'objectif de Testino défilent d'innombrables mannequins, qui posent dans des scènes chargées d'érotisme. Les campagnes montrent des corps minces à la peau dorée qui s'attirent et se désirent en arborant les soies, satins et velours de Gucci. Le fétichisme du luxe est la nouvelle sensualité.

Mais ce n'est pas suffisant. Tom Ford connaît trop bien Gucci pour savoir que l'avenir de la marque ne peut reposer sur quelques campagnes brillantes et bruyantes : ainsi doit-elle absolument moderniser, entre autres, ses icônes. Toujours puissantes, les images de Jackie Kennedy et de Grace Kelly ont malgré tout perdu leur actualité. Elles apparaissent comme des souvenirs nostalgiques aux jeunes générations qui réclament, pour leur part, de nouvelles références. En cette fin du XXe siècle, Gucci doit promouvoir de nouvelles figures pour incarner l'élégance, la confiance et la sensualité depuis toujours associées à la marque. Ford décrit ainsi le type de femme à qui ses collections s'adressent : « Mes femmes ne restent pas là à attendre quelqu'un, elles prennent les choses en main. Peu importe qu'elles soient nues, elles sont puissantes, intelligentes et vous ne les séduirez pas si elles ne le veulent pas. »

Au vu de ce concept de la féminité, les stars de la pop et du cinéma semblent les personnalités idéales pour incarner la nouvelle ère de Gucci. Madonna est la première à adhérer totalement au travail de Tom Ford. Elle le confirme aux Grammy Awards de 1999, apparaissant vêtue d'un pantalon lavande taille basse, orné de cristaux Swarovski, issu de la collection « Las Vegas Hippy ». L'affichage des vêtements Gucci par la chanteuse ouvre la voie à d'autres stars. En 1998, Mariah Carey ose une bralette suggestive dans les tons bordeaux ornée de cristaux Swarovski et de sandales à talons assorties, issues de la collection printemps-été de la même année. Nicole Kidman, Sarah Jessica Parker, Jennifer Lopez et Beyoncé lui emboîteront le pas. Tout comme Charlize Theron qui, en 2004, éblouit la cérémonie des Oscars en arborant une robe Gucci, conçue comme un hommage au glamour hollywoodien des années 1930.

Ford a intégré l'utilisation de la fourrure dans nombre de ses créations, comme sur cette tenue de la collection automne-hiver 1999-2000. Le manteau en fourrure de renard et de lapin confère un style glamour à l'ensemble.

abc
abc
abc
abc
abc
abc

Le travail de Tom Ford ne se contente pas de révolutionner les podiums. Il pose aussi son empreinte sur ce qui constitue, de toute éternité, le legs principal de Gucci : les sacs à main. Le créateur redonne vie au légendaire modèle *Bamboo*, qu'il redimensionne à plusieurs reprises. Transformé en cabas, plus vaste et plus solide, il devient l'un des accessoires préférés de la princesse Diana, que le grand public perçoit comme une femme indépendante, engagée et élégante, lorsqu'elle se sépare du prince Charles d'Angleterre. En 1999, Tom Ford ranime l'aura du sac *Jackie*, élargissant sa palette de couleurs avec la naissance d'un modèle en cuir orange avec des bordures en cuir noir. Autre contribution majeure, la pochette à chaîne *Horsebit*, un tout petit sac à main présenté pour la première fois dans la collection automne-hiver 2003-2004, et qui a pour trait distinctif d'arborer une version XL des éléments métalliques iconiques. Très fonctionnel de par sa taille, il se révèle en outre extrêmement polyvalent grâce à la chaîne qui lui sert de courroie. Le succès de ce modèle permet d'en proposer de multiples versions : avec le monogramme Gucci, en cuir, en métal et même en cabas. Pour couronner le tout, Ford conçoit également un fermoir bijou – deux têtes de dragons face à face et formant un ovale – qui donne une touche d'exclusivité luxueuse à tout ce qu'il vient enrichir.

Sac à main *Horsebit Chain Clutch*. Le modèle, qui comprend une version XL du mors emblématique, a connu un grand succès et a été commercialisé en plusieurs déclinaisons.

Charlize Theron et Renée Zellweger posent avec leurs prix lors de la cérémonie des Oscars 2004. Charlize Theron porte une robe Gucci créée par Tom Ford, qui rend hommage au glamour de l'âge d'or d'Hollywood.

UN ADIEU INATTENDU

Cet âge d'or de Gucci, piloté par Tom Ford et Domenico De Sole, prend fin brutalement. Âgé de 60 ans, De Sole veut prendre sa retraite, laissant à Ford la direction du Gucci Group.

Mais lors de la renégociation des contrats, le groupe PPR – qui détient 67 % des actions de Gucci – insiste pour augmenter son pouvoir de contrôle, y compris sur la création, dans cette entité devenue un conglomérat d'entreprises de luxe. Ce phénomène n'est pas propre à Gucci ; d'autres maisons historiques nées d'une trajectoire personnelle, comme Chanel, Givenchy et Yves Saint Laurent, doivent se plier à des contraintes similaires lors de l'entrée au capital de nouveaux partenaires qui sont parfois des fonds d'investissement. Tel est le mantra de l'époque nouvelle.

Sac avec anse en métal, fermoir-bijou en forme de dragon et franges dorées de la collection automne-hiver 2004-2005. Les accessoires de Ford rehaussent l'élégance de tout vêtement Gucci.

Tom Ford n'est pas enthousiasmé par l'accord qu'on lui propose. À ses proches, il dit son envie de renouer avec un vieux rêve, celui de créer sa propre entreprise, où il jouirait d'une plus grande liberté de création. Le rythme de travail intensif des années précédentes l'a laissé épuisé, vidé. Il n'a plus l'énergie qu'il faudrait pour traiter avec des dirigeants qui ne comprennent pas sa vision. Les négociations échouent donc, et, en novembre 2003, PPR peut annoncer le rachat total de Gucci en même temps que le départ de Domenico De Sole et de Tom Ford, prévu pour la fin de leurs contrats en avril 2004.

Le départ de Tom & Dom fait l'effet d'une bombe dans l'univers de la mode et du luxe. Au vu de l'héritage laissé par Tom Ford chez Gucci, les rumeurs vont bon train sur celui – ou celle – qui pourra lui succéder.

On ignore que, loin de jeter l'éponge, Tom Ford et son partenaire Domenico De Sole ont décidé de s'engager ensemble dans un tout nouveau projet. En 2006, ils vont lancer leur propre entreprise, simplement baptisée Tom Ford, et qui deviendra un concurrent direct de Gucci. De Sole a toute confiance dans sa réussite, car il est pleinement convaincu du talent de Tom Ford : « Il n'est pas seulement l'un des créateurs

Robe en satin
vert citron
avec décolleté
plongeant
et franges.
Cet exemple de
luxe sexy figure
dans la dernière
collection
de Tom Ford
pour Gucci,
automne-hiver
2004-2005.

les plus importants de ces cinquante dernières années, c'est aussi une personne très compétente sur le plan économique. C'est pourquoi notre relation ne m'apporte que des bénéfices. »

Avant de faire ses adieux définitifs à Gucci, Tom Ford a encore le temps de présenter sa dernière collection pour les défilés de l'automne-hiver 2004-2005. Elle sera une vitrine somptueuse de son style, où défileront tous les classiques du Texan, dûment remis au goût de la saison. Dans la collection masculine, on note les vestes ajustées descendant jusqu'au genou, associées à des pantalons à pinces et à des smokings à imprimés ou en velours. Pour la ligne femme, Tom Ford présente des blousons bombardiers en fourrure, des manteaux en laine avec des ceintures en cuir noir et des robes en maille de soie à coupes asymétriques. On remarque aussi ses longues robes en satin aux décolletés plongeants, couleur champagne ou citron vert. La dernière image de Ford sur le podium marque les esprits : vêtu d'un smoking noir et d'une chemise blanche déboutonnée, le créateur parcourt sous une pluie de pétales de roses un podium recouvert de fourrure blanche. L'adieu est hollywoodien.

C'est ainsi que Gucci, tournant le dos au déclin, est redevenu sous la direction de Tom Ford une icône mondiale de la mode et du luxe. Non content de replacer la marque sur la voie du succès, le créateur texan a redéfini les normes esthétiques du style pour la décennie qui va suivre. Même après son départ, Gucci reste crédité d'une vision nouvelle de la mode féminine : au XXIe siècle, la femme habillée en Gucci passe pour être puissante, confiante et sensuelle, elle maîtrise sa vie et peut se fier à son destin. Ce renouveau, insufflé par Tom Ford, marque un tournant dans l'industrie et offre une image de féminité qui séduit fortement le public.

Lors de son dernier défilé pour le groupe PPR, collection Yves Saint Laurent automne-hiver 2004-2005, Tom Ford a fait ses adieux vêtu de la célèbre veste en velours rouge rubis qu'il avait créée pour Gucci.

UNE TRANSFORMATION GLOBALE

Tom Ford a tant fait pour changer l'image de Gucci qu'il n'est pas évident de lui trouver un successeur. Après son départ de la société en 2004, les responsabilités du créateur se voient réparties au sein d'un triumvirat : John Ray va s'occuper du prêt-à-porter masculin ; Alessandra Facchinetti, venue de chez Miu Miu où elle travaillait avec Miuccia Prada, prend en charge le prêt-à-porter féminin ; et Frida Giannini, qui avait été engagée par Tom Ford en 2002, assure la direction créative de la ligne d'accessoires.

Les premiers doutes font place à l'incrédulité quand est connu le nom du successeur de Domenico De Sole à la tête de Gucci Group : comme l'annonce le groupe PPR, il s'agit de Robert Polet, un Néerlandais qui dirige le département de produits surgelés et de crèmes glacées de la multinationale Unilever. Comment un cadre industriel pourrait-il diriger l'une des entreprises les plus cotées du luxe ? Le scepticisme est général. Pourtant, certaines marques comme Abercrombie & Fitch ont engagé des dirigeants venus d'autres secteurs, et la greffe a produit d'excellents résultats. S'agissant du Gucci Group, la méfiance est trop forte et même la nomination de Mark Lee, le PDG d'Yves Saint Laurent, en tant que responsable direct de la marque au double G, ne parvient pas à dissiper les doutes sur l'avenir de l'entreprise.

Frida Giannini dans sa maison romaine. En arrière-plan, l'une de ses grandes passions : sa collection de vinyles.

La situation se complique lorsqu'Alessandra Facchinetti démissionne en 2005, deux semaines après avoir présenté sa deuxième collection, qui avait reçu un accueil houleux. Tous les regards se tournent alors vers Frida Giannini, applaudie pour avoir décliné l'imprimé *Flora* dans la collection de sacs à main, ce qui leur donnait une touche plus contemporaine. En outre, elle est à l'origine du design *Guccissima*, une réinterprétation faite en 2006 du monogramme de Gucci destinée à être gaufré sur des cuirs souples de la qualité la plus exquise. Ces hauts faits lui valent d'être nommée peu de mois plus tard directrice de la création de Gucci, domaine aussi vaste que sensible puisqu'il cumule les lignes homme et femme, mais aussi la publicité et la conception des boutiques.

Née à Rome, Frida Giannini a grandi dans une famille imprégnée de culture : son père est architecte, sa mère enseigne l'histoire de l'art. En leur compagnie, elle a passé son enfance dans les musées de Rome et vu tous ses monuments historiques. Frida attrape le virus de la mode à la fin des années 1980, époque charnière où Gianni Versace, Gianfranco Ferré et Giorgio Armani révolutionnent la confection italienne avec le succès de

leur prêt-à-porter. Ayant terminé ses études à l'Accademia Costume & Moda de Rome, elle décroche deux ans plus tard – en 1997 – un emploi chez Fendi : « J'étais très jeune et ce fut une expérience formidable. Après plusieurs années passées à dessiner des vêtements, l'occasion m'a été offerte de rejoindre le département des accessoires. Je n'avais jamais dessiné de sac à main auparavant, mais je me suis dit : pourquoi pas ? » De fait, les sacs Fendi conçus par elle – notamment le *Baguette* – connaissent un grand succès. Tom Ford les remarque, les examine et décide d'embaucher Frida Giannini.

CHANGEMENT DE CAP

À son arrivée chez Gucci, Frida Giannini découvre une entreprise très éloignée de celles qu'elle connaissait. « J'ai eu le sentiment d'être dans une vraie multinationale, organisée de manière totalement différente ; j'ai donc dû travailler de façon différente. »

Bien que Giannini ait décidé de prendre des risques et d'orienter le design dans une nouvelle direction, ses deux premières collections pour Gucci ne sont pas vraiment comprises et recueillent une approbation limitée. En particulier, la collection automne-hiver 2006-2007 se voit critiquée pour avoir repris certaines tendances emblématiques de son prédécesseur, comme le style glam rock des années 1970, avec ses violets clinquants, ses costumes en lamé or, ses accessoires métalliques, ses bottines à plateforme... Frida Giannini justifie ce choix par un hommage à l'âge d'or de Gucci, cette période Tom Ford où la marque, jusque-là très italienne, se façonne une aura mondiale, mais aussi par son admiration personnelle pour David Bowie, qui est à ses yeux un pionnier de la mode, car il a su réinventer sans cesse son image.

Pour concevoir la collection printemps-été 2007, Frida Giannini revisite, cette fois, les pièces iconiques de l'ère pré-Ford en examinant avec soin les archives de Gucci. Aux modèles inspirés des débuts de la marque, elle en ajoute d'autres, souvent légers et insouciants, datés ou non des années 1960, ainsi que des volants à imprimés floraux – aux antipodes de la mode hypersexualisée de son prédécesseur. Ce choix se révèle pertinent pour conquérir un public nouveau, plus jeune et plus global, qui va se sentir à l'aise dans ces vêtements. À la presse qui pointe le manque de cohérence de la collection, la créatrice répond dans une interview au magazine *Harper's Bazaar* : « Je n'aime pas considérer un vêtement comme une œuvre d'art, car je ne me considère pas comme une artiste. Je suis une créatrice. Ma plus grande satisfaction est de créer quelque chose de beau, de bien fait, et de voir une femme ou un homme le porter dans la vraie vie, pas seulement sur les magazines de papier glacé ! »

Tissus brillants, crinières déstructurées, accessoires métalliques et chaussures à plateforme ou à talons : la collection automne-hiver 2006-2007 témoigne de l'attachement de Giannini au glam rock et à l'influence de David Bowie dans son travail.

La même année, Frida Giannini commence à montrer que son Gucci du troisième millénaire ne brillera pas que dans les défilés. En 2007, la créatrice réorganise la ligne de parfums et sort la première fragrance conçue sous sa direction : *Gucci by Gucci*. Créé par le parfumeur Ilias Ermenidis, c'est un jus féminin gourmand – fleur de tiaré, goyave, miel, musc – légèrement virilisé. En son honneur, Gucci conçoit pour la première fois une campagne télévisée, mise en images par le réalisateur américain David Lynch. L'année suivante voit le lancement de la version pour homme, qui a pour égérie l'acteur James Franco.

En 2009 vient le tour du parfum *Flora*, inspiré du célèbre imprimé créé pour Grace Kelly. C'est une fragrance légère, fraîche et printanière, destinée à une clientèle plus jeune, et qui marie des notes d'agrumes, de pivoine, de rose, de poivre rose et de bois de santal. Elle connaît un succès immédiat, portée par une campagne ayant pour héroïne Abbey Lee Kershaw, le fameux top model australien. En 2012, une nouvelle édition, *The Flora Garden Collection*, a été lancée en cinq versions inspirées de diverses senteurs (gardénia, violette, mandarine, tubéreuse et magnolia). Elle a été précédée en 2011 par un nouveau parfum très différent, destiné à une personne « sexy et légèrement dangereuse ». Avec cette fragrance siglée du double G et baptisée *Gucci Guilty*, Frida Giannini s'est efforcée de retrouver la sensualité des années Tom Ford.

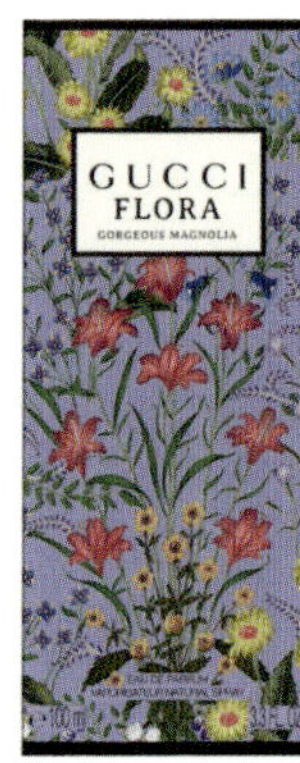

GUCCI, PARTOUT

L'expansion mondiale de Gucci a entraîné la femme réservée qu'est Frida Giannini dans une existence d'incessants voyages et d'événements multiples, où elle doit briller parmi les officiels et les célébrités. Curieusement, le moment qui va la rendre populaire n'a pas de lien direct avec la mode, il a trait à une action caritative.

En 2005, Gucci et l'UNICEF ont noué un partenariat durable, que Giannini renforce lorsqu'elle accède aux rênes de la marque. À l'occasion de l'ouverture à New York de la nouvelle boutique phare de la marque, en février 2008, un gala de charité animé par Madonna est organisé au profit de l'UNICEF et de Raising Malawi, une association qui accomplit des œuvres sociales dans ce petit pays d'Afrique australe. Aux côtés de la star de la pop, qui travaille avec Gucci depuis 1995, se tient Frida Giannini, qui elle aussi commence à briller sous les feux de la rampe. Cet événement lui fournit l'occasion de présenter la collection « Tattoo Heart », une édition spéciale de sacs dont la campagne publicitaire a pour star Rihanna. Comme il en est allé lors d'autres collaborations, le quart des fonds récoltés à cette occasion est reversé aux programmes de l'UNICEF en faveur des enfants infectés par le VIH en Afrique.

En 2009, l'ère Giannini chez Gucci se voit confirmée par l'arrivée de Patrizio Di Marco, le nouveau PDG de la société, qui vient remplacer Mark Lee. Fort de ses succès comme directeur du marketing chez Louis Vuitton et comme président de Bottega Veneta, Di Marco soutient aussitôt le choix de la créatrice de réinterpréter les classiques de la marque dans une approche plus sophistiquée et plus contemporaine : « Certains pensent qu'utiliser des archives comme source d'inspiration est un manque de créativité, mais je crois à l'inverse qu'il s'agit là de la façon la plus créative [de travailler]. Tous nos produits sont cohérents avec l'histoire de la marque. »

Le parfum *Flora* a été l'un des plus grands succès de Giannini. Une fragrance fraîche et jeune qui est toujours d'actualité.

GUCCI

Forte de ce soutien, Frida Giannini décide d'élargir son champ d'action. Pour la collection automne-hiver 2009-2010, qui coïncide avec le déménagement du studio de création de Gucci de Florence à Rome, elle continue de créer des robes jeunes et joyeuses dans une large gamme de couleurs, ainsi que des imprimés exotiques et des pantalons slim. Lors de la collection printemps-été 2010-2011, elle surprend avec des robes blanches déconstruites réalisées avec des bandes de tissus. Parallèlement, elle reprend les classiques de la marque en les recontextualisant, créant de larges ceintures *Horsebit* et réinventant l'iconique sac hobo, qui fait son retour au catalogue sous le nom de *New Jackie*. L'élégance cool de Frida Gianinini a supplanté le luxe sexy de Tom Ford.

La créatrice a trouvé en elle une vitalité inconnue jusqu'alors, et elle la transmet presque aussitôt à l'entreprise. Le premier pop-up store Gucci ouvre à New York en octobre 2009 pour présenter une ligne exclusive de baskets conçues par le DJ, compositeur et producteur de musique Mark Ronson : elle a pour particularité de réinterpréter la bande *Web* et le logo Gucci, qui font ainsi leur entrée dans le nouveau monde des années 2000. Ce concept de boutique éphémère a été reproduit dans bien d'autres villes, comme Miami, Londres, Tokyo...

Toujours attentive au socle de la marque, Frida Giannini contribue fortement à l'évolution des sacs emblématiques de Gucci. En 2010, elle présente le *New Bamboo*, une nouvelle version du premier grand succès de Gucci, avec une poignée en bambou plus fine et une bandoulière amovible. Deux ans plus tard, c'est le lancement du sac *Soho Disco*, reconnaissable à son grand logo GG estampé, sa bandoulière en cuir et son pompon sur la fermeture éclair, et qui présente un intérieur plus spacieux qu'attendu.

Frida Giannini, ainsi que Madonna et Rihanna, assistent en 2008 au lancement de l'édition spéciale de la collection de sacs à main « Tattoo Heart », pour laquelle Gucci a collecté des fonds au profit des programmes de l'UNICEF.

GUCCI

Les créateurs ne peuvent plus vivre dans une tour d'ivoire.
FRIDA GIANNINI

Sous la direction créative de Giannini, Gucci élargit également sa gamme au fil de lancements qui visent de nouveaux marchés. En 2014, la première ligne de cosmétiques apparaît pour compléter « la définition de ce que devrait être le look Gucci » : conçue par la maquilleuse britannique Pat McGrath, son esthétique combine sophistication et décontraction, pimentées par une touche pop. Quatre ans auparavant, Frida Giannini avait surpris en lançant une ligne de vêtements pour enfants. Au début, ces créations ressemblent – de l'aveu même de la créatrice – à des versions miniatures des vêtements Gucci pour adultes, mais Frida Giannini présente assez vite des collections plus colorées et décontractées. La société s'engage à ce que tous ces produits soient faits en Italie et elle contrôle en totalité le processus de fabrication pour s'assurer qu'aucun fournisseur soupçonné de faire travailler des enfants n'y participe. Qui plus est, un pourcentage sur les bénéfices de ces ventes est versé chaque année à des campagnes de l'UNICEF. À côté de cela, en 2013, l'omniprésente Frida Giannini pose les bases d'une future collection « Home Gucci » en rachetant l'entreprise de porcelaine de luxe Richard Ginori. L'idée lui est venue en supervisant la rénovation des boutiques Gucci. Elle consiste à transposer l'esprit des boutiques dans les maisons des clients. Comme elle l'explique, il s'agit d'un pari : « Il sera intéressant de voir comment le marché évolue, et donc comment les goûts évoluent. Les créateurs ne peuvent plus vivre dans une tour d'ivoire. »

Mais les propositions de Frida Giannini ne sont pas toujours bien accueillies. Sa refonte de la Fiat 500, par exemple, ou celle du yacht de luxe *Aquariva*, seront critiquées comme

Image publicitaire du sac *Soho Disco*, un accessoire que Giannini a conçu pour une femme moderne, cosmopolite et active.

autant de frivolités inutiles. Elle s'en défend en arguant qu'elle a aussi pour tâche de trouver de nouveaux secteurs d'activité. Sachant que ces collaborations, quelles qu'elles soient, bénéficient toujours à l'entreprise.

Sandales en caoutchouc turquoise de la collection « Gucci Kids ».

RÉINVENTER LE PODIUM

Frida Giannini a beau diriger l'ensemble de la création, elle n'ignore pas que les collections qui défilent en constituent la part la plus cruciale, et si possible la plus mémorable. Lors de la collection automne-hiver 2011-2012, elle va totalement lâcher la bride à son inspiration. Piochant à nouveau ses influences dans les années 1970, la créatrice s'est adjoint deux muses : l'actrice Anjelica Huston, coqueluche de l'intelligentsia new-yorkaise, et la chanteuse Florence Welch. Sur le podium paradent des blazers en velours rouge écarlate et bordeaux, des chemisiers en soie avec des nœuds, des pantalons évasés en fin cuir nappa, des manteaux en daim avec des cols et des bordures en fourrure de couleurs vives, des chapeaux en feutre et des robes en mousseline de soie turquoise. Le défilé est très bien accueilli, l'avenir semble prometteur.

La collection printemps-été 2012-2013 pose un nouveau jalon sur la voie du succès : elle sera la plus applaudie de la période Giannini chez Gucci. La créatrice y fusionne l'héritage de la marque avec une inspiration tout à fait différente : des photographies de la belle Nancy Cunard, réalisées par Man Ray, dont elle était la muse ; des images du fameux Chrysler Building de New York, et d'autres totems de l'Art déco. Il en résulte des propositions très personnelles, influencées par les Années folles.

Les années 1970 ont été une source d'inspiration pour Giannini. À gauche, une tenue composée d'un chapeau en feutre, de lunettes oversize et d'une étole en fourrure (collection automne-hiver 2011-2012). À droite, un sac violet à très longues franges (collection printemps-été 2014-2015).

Ce sont des pantalons à taille haute, ajustés aux hanches, et des vestes structurées d'inspiration militaire. Les tenues de soirée, en revanche, rappellent les flappers des années 1920 (ces « garçonnes » à cheveux courts et chapeaux cloches) avec des tuniques à taille basse qui finissent au genou, ornées de franges de soie dans le style glamour de l'époque. Les mannequins ont les cheveux gominés et coiffés en arrière, en accord avec l'allure androgyne adoptée par la marque pour unifier les looks sur le podium. Le noir, le blanc, l'or et le vert émeraude sont les couleurs de cette collection, animée par des motifs géométriques inspirés de l'Art déco. L'accueil sera dithyrambique.

LA MAGIE DU BAMBOU

Le sac *Bamboo* est l'accessoire le plus ancien de l'histoire de Gucci, ainsi que l'une de ses principales icônes. Depuis sa création, il séduit les stars du cinéma, les célébrités, les fashionistas. Au fil des saisons, les créateurs l'ont transformé en l'habillant d'imprimés classiques ou fantaisie, ils l'ont redéfini en inventant de nouveaux modèles comme le mini-sac à main ou le cabas immortalisé par la princesse Diana. Mais le *Bamboo 1947* de taille moyenne reste sans aucun doute le plus populaire. Comme sur le modèle original, la poignée et le fermoir en bambou servent de signe de reconnaissance à toutes les déclinaisons.

Une ouvrière coud un sac *Bamboo* dans les ateliers de Gucci à Milan en 1992. L'ensemble du processus était contrôlé à la main.

Le mini-sac est devenu un accessoire parfait pour toutes sortes d'événements. Il est simple, élégant et fonctionnel.

À gauche, Harry Styles avec le sac *Bamboo 1947* en vert. Ci-dessous, un modèle avec la bande *Web* et un autre orné d'un imprimé audacieux.

Décidément, tout sourit à Frida Giannini qui vient de voir se concrétiser l'un de ses grands projets, conçu avec Patrizio Di Marco. Car en septembre 2011, au cours de la Fashion Week de Milan et le jour même du 90e anniversaire de la marque, on inaugure un musée Gucci dans le centre historique de Florence. Logé au Palazzo della Mercanzia, superbe édifice gothique où se réunissaient les marchands du XIVe siècle, ce musée fait la part belle aux diverses grandes créations qui ont bâti le patrimoine de la marque, mais il offre aussi des espaces ouverts aux expositions temporaires, ainsi qu'une galerie d'art contemporain et même un restaurant. Le gala d'ouverture réunit des personnalités de la mode, à commencer par Anna Wintour, la légendaire directrice de *Vogue*, et Charlotte Casiraghi. La petite-fille de Grace Kelly est presque une amie pour Frida Giannini, ce qui n'a pas été sans effet sur sa carrière : la cavalière professionnelle est sponsorisée par Gucci dans les concours hippiques. Un an plus tard, elle devient le visage de la campagne Forever Now, qui permet à Gucci de capter l'intérêt d'une nouvelle génération, enthousiasmée par ce qu'elle découvre.

Frida Giannini vit son heure de gloire. Sa proximité avec les stars du cinéma et de la pop rend sa présence indispensable à tous les grands galas de Londres, Paris, New York et Los Angeles. Sous son règne, le nom de Gucci n'évoque plus seulement des articles de luxe, on l'associe peu à peu à un mécénat éclairé, en reconnaissant son action auprès de l'UNICEF et ses relations nouées dès 2011 avec le Musée d'art contemporain de Los Angeles (LACMA). Car cette année-là, le musée organise son premier gala Art and Film, un événement caritatif annuel dont les recettes iront financer des activités et des initiatives éducatives. Gucci en est devenu le principal sponsor, tant l'événement du LACMA est un lieu idéal pour mettre en scène le glamour inhérent à la marque.

Cet engagement dans des campagnes solidaires amène conjointement Frida Giannini, l'actrice Salma Hayek – épouse de François-Henri Pinault, président du groupe PPR – et la chanteuse Beyoncé à fonder Chime of Change, une plateforme qui promeut des campagnes pour l'égalité entre hommes et femmes dans le monde. Elle est lancée en grande pompe le 1er juin 2013 au stade de Twickenham à Londres et compte parmi ses vedettes Beyoncé, Madonna, Jennifer Lopez, Laura Pausini, James Franco… Diffusé par la BBC, ce spectacle est vu par plus d'un milliard de personnes dans 150 pays. Cet engagement qui va durer jusqu'à nos jours se voit prolongé par la création d'un portail, baptisé Gucci Equilibrium, où la société dévoile son impact environnemental, ainsi que ses initiatives en faveur de la durabilité.

En cette décennie 2010, les préoccupations sociales et l'écologie sont à la mode. Le zèle de Frida Giannini pour ces causes est donc de son époque. Mais il aurait, selon certains médias, un effet négatif sur la qualité de son prêt-à-porter. Certes, la créatrice propose toujours des ensembles accrocheurs : pièces monochromes et imprimés façon Riviera italienne dans la collection printemps-été 2013-2014 ; robes du soir à paillettes et vêtements ajustés pleins de motifs papillonnants pour la collection automne-hiver de la même année. Mais de nombreux critiques de mode trouvent que ces collections n'ont plus la cohérence d'autrefois. On fera malgré tout mention de la « Collezione 1953 » une édition limitée qui réinvente le mocassin *Horsebit*, en supprimant la semelle intérieure pour gagner en confort et en le déclinant dans des tons pop.

Page suivante
La collection printemps-été 2013 est une proposition autour de l'Art déco inspirée par les garçonnes des années 1920 dans laquelle se distinguent des robes taille basse au genou ornées de motifs géométriques dans les tons blanc, noir, or et émeraude.

L'ADIEU

Le mannequin américain Chanel Iman défile avec une robe vaporeuse en mousseline de soie de la collection automne-hiver 2011-2012. Une ode à la femme libre qui a inspiré Giannini.

Sous la direction créative de Frida Giannini, Gucci consolide sa position dans le luxe et augmente son chiffre d'affaires. Toutefois, la surexposition médiatique de la créatrice détériore peu à peu ses rapports avec la direction du groupe PPR, récemment rebaptisé Kering.

La sortie en 2013 du documentaire *The Director* n'arrange pas la situation. Co-réalisé par James Franco et Christina Voros, le film se focalise sur Frida Giannini – la « femme derrière le logo » – sans accorder la même attention à la marque. Il faut ajouter le fait que Patrizio Di Marco et Frida Giannini sont en couple, et que la chose est désormais publique. Il court des rumeurs affirmant que plusieurs employés de Gucci se sentent écrasés par la puissance du duo. Tant et si bien qu'en décembre 2014, Marco Bizzarri se voit nommé PDG de Gucci en remplacement de Patrizio Di Marco. Son départ et celui de Frida Giannini sont annoncés publiquement. La créatrice qui avait prévu de rester jusqu'à la fin du mois de février pour présenter les prochaines collections, décide en fin de compte de démissionner plus tôt et quitte son poste dès le 12 janvier.

Son départ met le point final à un chapitre important de la saga Gucci, marqué par la vision créative d'une femme, son impact sur l'expansion mondiale de la marque et les nombreuses innovations qu'elle a laissées en héritage.

> *Ma plus grande satisfaction est de créer quelque chose de beau, de bien fait, et de voir une femme ou un homme le porter dans la vraie vie, pas seulement sur les magazines de papier glacé.*
>
> FRIDA GIANNINI

UNE EXPLOSION DE CRÉATIVITÉ

Le prêt-à-porter masculin automne-hiver 2015-2016 doit défiler le 19 janvier. Problème, cette collection n'existe pas : le départ précipité de Frida Giannini a pris tout le monde de court. Dans l'urgence, Marco Bizzarri, le nouveau PDG de Gucci, confie à un inconnu une mission périlleuse : monter une collection complète en cinq jours. Cet inconnu s'appelle Alessandro Michele, il a 42 ans et travaille chez Gucci comme responsable de la ligne accessoires. Ses collègues le respectent, car Michele ne néglige jamais les détails. En outre, il professe un goût prononcé pour l'esthétique de la Renaissance, chose qu'il attribue à l'influence de son père, qui lui avait insufflé l'amour de l'art et de la nature en le conduisant dans les parcs et les musées de Rome.

Pour mettre au point son premier défilé, le nouveau directeur artistique de Gucci repart de zéro. Alessandro Michele demande à son équipe de concevoir de nouveaux looks, mais il s'efforce aussi de changer le casting des mannequins et il va modifier la scénographie du show. Le pari est tenu, le défilé peut commencer. Baptisée « Urban Romanticism », cette collection multiplie les références aux années 1970 et promeut une allure androgyne, en mélangeant les mannequins hommes et femmes. Elle débute en fanfare avec, pour premier look, un chemisier en soie rouge à col lavallière, porté par un garçon. Influencé par les hommes à longs cheveux du Quattrocento, Alessandro Michele brouille à plaisir les différences entre les sexes. Le défilé se poursuit dans le même esprit de mélange, avec des pulls à imprimés floraux et animaliers, des lunettes surdimensionnées et un nouveau modèle qui deviendra emblématique : le mocassin *Princetown*. Il s'agit d'un *Horsebit* façon mule, fourré de laine d'agneau, il est proposé en cuir, en toile et en velours. La presse applaudit la collection, louant son extravagance et son choix avisé de références vintage, qui s'accordent à merveille avec le look christique de Michele, tout en barbe et longs cheveux noirs.

Bien que son défilé ait reçu un accueil flatteur, Alessandro Michele croit que Gucci va choisir un créateur établi pour reprendre la direction créative. À sa grande surprise, quelques jours après le défilé, Marco Bizzarri l'intronise comme successeur officiel de Frida Giannini. On découvre à cette occasion que les deux créateurs ont connu des débuts similaires : l'un et l'autre sont nés à Rome en 1972, ont étudié à l'Accademia Costume & Moda, ont travaillé chez Fendi et ont rejoint Gucci en 2002. Avec pour résultat deux visions opposées de la mode…

Le mannequin néerlandais Hugo Goldhorn ouvre le premier défilé Gucci d'Alessandro Michele (automne-hiver 2015-2016) dans une blouse en soie rouge à col lavallière, icône de ce nouvel esprit androgyne.

Excentrique et maximaliste, éclectique et tout à fait original, le style d'Alessandro Michele s'éloigne de la ligne suivie par Frida Giannini, dont les collections, toujours beaucoup plus formelles, se concentraient sur la revitalisation des classiques de la marque pour offrir à ses clients des tenues d'un glamour raffiné. À l'inverse, Alessandro Michele mélange sans complexe les textures, les couleurs et les imprimés accrocheurs pour imposer un goût bien à lui. Ce style déferle sur Gucci comme un ouragan, générant de nouvelles tendances et réorientant la trajectoire de l'entreprise qui, à l'époque, stagnait sur le marché.

Par ailleurs, le créateur souhaite que ses créations se libèrent des codes stricts de la mode : « La mode est connectée. Il ne suffit plus de faire des vêtements élégants et de les mettre dans une boutique. La mode doit être vivante. Elle vient de la rue, de la musique, du club... » L'une de ses premières initiatives consiste à dynamiser le contenu en ligne de Gucci, pour que la marque touche à nouveau les jeunes générations. Il commence par modifier le site web, conscient qu'une présence virtuelle importe autant que la présentation d'une collection sur le podium. Il lance ensuite sur le compte Instagram de la marque un projet axé sur la créativité numérique : #GucciGram. Celui-ci consiste à inviter des artistes numériques, établis ou émergents, à créer des œuvres inspirées de divers imprimés – comme *Gucci Bloom* et *Gucci Caleido* –, où des motifs floraux et géométriques viendraient se superposer au monogramme iconique Gucci. Cette initiative suscite l'enthousiasme de la génération Z. En s'adaptant à un monde qui parle un nouveau langage, Gucci commence à être perçu comme une marque qui résonne enfin avec son époque.

Sous la direction créative de Michele, le chaos magique a pris le dessus chez Gucci. À gauche, un look composé d'un foulard imprimé *Flora* et d'une veste avec la bande *Web* (collection Croisière 2019). À droite, un grand chapeau-coiffe d'un rouge profond associé à des boucles d'oreilles surdimensionnées (printemps-été 2017-2018).

La collection printemps-été 2016-2017 offre à Michele l'occasion d'étoffer sa signature esthétique, sous l'appellation « Chaos Magic ». Ce tourbillon sorcier naît du mélange d'imprimés et de textures dans des créations qui marient les contraires et permettent à chacun de composer son look. Tous les défilés du designer servent un même projet : abolir le clivage entre les modes homme et femme en proposant des looks hybrides et fluides. « J'essaie juste de montrer la beauté, et elle n'appartient pas à une catégorie précise », explique-t-il. Son approche amorce un intérêt pour la mode genderless, qui unifie les éléments traditionnels distinguant les deux genres.

La collection printemps-été 2016-2017 est une explosion de couleurs et de formes, qui marie le pourpre et le vert sur des jupes à volants ludiques. La taille basse a disparu. Les mocassins sont posés sur des talons à perles ; ils disputent la vedette à des bottes vertes aux talons évasés, lacées de satin bleu dragée. De plus, le créateur met sur les rails une autre de ses trouvailles : le look geek chic, qui fait de l'œil aux passionnés du numérique en proposant des lunettes imposantes, des chemises à rubans, des pièces ajustées et des chaussures de sport.

Dans la collection printemps-été 2017-2018, influencée par sa passion pour la Renaissance italienne, Michele a présenté dans une ambiance décadente des modèles mêlant couleurs et textures, costumes d'époque et pièces modernes.

UN STYLE INCOMPARABLE

Un an plus tard, la collection printemps-été 2017-2018 défile sur un podium tapissé de velours rose, clairement propice à la fusion des genres. Très attendu, Alessandro Michele a là encore opté pour un télescopage : d'un côté l'inspiration seventies, vestes en tweed et jupes ou pantalons déconstruits dans l'esprit de Vivienne Westwood, et de l'autre, la beauté lumineuse de la Renaissance italienne. En pièce maîtresse, une robe du soir brodée d'un grand cœur : ce motif, percé par un poignard-bijou, porte en surimpression le chiffre XXV, porte-bonheur du créateur. Lequel en profite pour présenter sa version des chopines, ces chaussures à semelles compensées qui évitaient aux courtisanes vénitiennes de traîner leurs robes dans la boue. Dans leur version Gucci, elles arborent une plateforme, prolongée sur l'arrière par un talon de 15 centimètres. En fort contraste avec l'ère Frida Giannini, l'excentricité baroque est bel et bien de retour chez Gucci. Deux ans après la nomination de Michele à la direction de la création, les ventes de la marque ont grimpé de 45 %.

Présentée à Florence au Palazzo Pitti, la collection Croisière 2018 va associer des éléments vintage et Renaissance pour créer des looks urbains aussi tonitruants que chics. Défilent ainsi, pêle-mêle mais tous applaudis, des turbans à motifs léopard, des écharpes en laine, des lunettes de soleil à paillettes, des costumes à imprimés psychédéliques, des robes superposées, des tailleurs en tweed, des manteaux d'extérieur matelassés ainsi que des chaussettes et des collants brillants siglés du logo double G. L'une des pièces les plus remarquées est une veste en cuir à manches bouffantes, imprimée du monogramme Gucci. Il s'agit à l'évidence d'un hommage à Daniel Day, styliste afro-américain

J'aime jouer avec les illusions, en montrant quelque chose qui n'est pas vraiment ce que vous voyez.
ALESSANDRO MICHELE

plus connu sous le nom de Dapper Dan. Dans les années 1980, ce dernier avait apposé les logos des grandes marques sur les vêtements confectionnés par lui pour les élégants du quartier de Harlem, qui voulaient des habits semblables à ceux des grandes stars sans avoir à payer un prix démesuré. Vu par certains comme le fondateur de la mode urbaine, Dapper Dan dut bien évidemment fermer son entreprise florissante, car elle utilisait abusivement les sigles de marques existantes. Par respect pour l'héritage de ce pionnier, Michele ne se contente pas de réaliser une version Gucci d'un des vêtements du créateur new-yorkais. Il encourage sa propre marque à le parrainer et à rouvrir le studio qu'il avait dû fermer vingt-cinq ans plus tôt.

Sous la direction du Romain, la maison délivre un message très clair : la mode est dans la rue, elle n'est donc pas réservée à l'élite. Le créateur le proclame hautement : « Il est temps de dire que la mode ne se limite pas aux vitrines des magasins de la Cinquième Avenue. C'est bien plus que cela : la mode a trait à la culture. Elle procède d'une expression personnelle. » Pour paraître encore plus street, il crée de nouveaux logos qui vont séduire un public plus jeune, habitué à s'exprimer dans son langage à lui. Certaines de ses créations portent ainsi le nom de la marque modifié par un y final : « Guccy ». Ce terme existait déjà dans l'argot américain : il soulignait la qualité supposée d'un produit en l'associant à cette marque prestigieuse. Inversement, on l'employait aussi pour dénigrer un objet tape-à-l'œil : « trop Guccy », disait-on. Yves Saint Laurent l'a quelquefois utilisé à propos du prêt-à-porter de la marque. Sans complexe, Alessandro Michele se réapproprie cet adjectif controversé et l'imprime sur un sac orné d'étoiles en adoptant la typographie des jeux vidéo SEGA – une référence de plus à la pop culture, parmi toutes celles qui se bousculent dans ses collections de luxe. Le sac fait sensation auprès des influenceurs de mode et apporte à la marque de nouveaux clients.

Pour le printemps-été 2018-2019, le créateur va revisiter l'univers des années 1980. Mais le défilé multiplie par ailleurs les références au cinéma, une passion transmise par la mère d'Alessandro, qui a longtemps été assistante de production. Les mannequins vêtues de tailleurs promènent une crinière volumineuse dans le style de *Working Girl* (1988). Elles portent aussi des vestes à grandes épaulettes, des foulards et des collants, souvenirs évidents des eighties, déjà immortalisés par Rosanna Arquette dans le film *Recherche Susan désespérément* (1985). Mais la référence centrale de la collection n'est autre qu'Elton John : son style flamboyant et théâtral traduit parfaitement la vision d'Alessandro Michele. Le créateur obtient un accès privilégié aux archives personnelles du chanteur, et notamment aux pièces emblématiques signées par Annie Reavey et Bob Mackie, stylistes légendaires. À la lumière de ces archives, il fait revivre l'opulence des années 1970 et 1980 en créant des tenues mémorables, comme cette veste à imprimé damier qui marie trois couleurs – rouge, bleu et blanc –, ainsi que d'autres vestes ornées de motifs d'animaux, une référence récurrente dans la mode d'Alessandro Michele, un créateur qui apprécie les tigres, les lions et les serpents. Parmi les autres pièces phares, on remarque une veste rose fuchsia ornée de cœurs scintillants, et aussi des combinaisons

Pour la collection de sacs *Guccy*, Michele a utilisé la typographie de la célèbre société de jeux vidéo SEGA, un clin d'œil à un public jeune et urbain.

Collection automne-hiver 2018-2019. Vêtu d'une veste à carreaux prince-de-galles, le mannequin Dwight Hoogendijk défile en portant une reproduction hyperréaliste de sa propre tête. Outre les manteaux en tweed et les cagoules cloutées de strass, Michele a présenté des baskets Renaissance décorées de la bande *Web* (à gauche) et des sneakers massifs ornés de bijoux (à droite).

flashy semées de paillettes, sans oublier les fameuses lunettes en forme de cœur, indissociables du style exubérant et joyeux d'Elton John. Ces tenues extravagantes vont accentuer l'aura du chanteur. Mais elles réaffirment aussi, s'il en était besoin, le goût de Michele pour le maximalisme, les couleurs vives et les coupes audacieuses, agencées avec maestria dans ce mariage entre pop culture et mode.

À l'évidence, Alessandro Michele peut donner vie à n'importe quel détail sorti de son imagination. Il en fournit une preuve de plus cette année-là en présentant la collection automne-hiver 2018-2019. On y trouve des logos sportifs brodés

sur des manteaux, des cagoules cloutées de strass et l'œil de Dieu, ce symbole chrétien et franc-maçon, tracé au maquillage sur le front d'un mannequin. Les accessoires vont encore plus loin, flirtant avec l'*heroic fantasy* et le film d'horreur : des mannequins défilent avec un serpent dans la main ou un petit dragon, d'autres portent une reproduction hyperréaliste de leur propre tête. Pressé de questions après le défilé, le créateur déclare : « J'aime jouer avec les illusions, en montrant quelque chose qui n'est pas vraiment ce que vous voyez. » La collection n'était toutefois pas un simple jeu. Elle s'inspirait de l'essai *Manifeste cyborg* (1984) de l'Américaine Donna Haraway. Dans ce texte, la philosophe remet en question les catégories rigides de genre, de race et de classe, et propose de concevoir l'identité comme une notion fluide et en constante évolution, où les gens peuvent se redéfinir en utilisant la technologie. Voici comment Alessandro Michele résume l'idée de sa collection : « Le cyborg Gucci symbolise une possibilité d'émancipation grâce à laquelle nous pouvons choisir de devenir qui nous sommes. »

Sac *GG Marmont*, un sac Gucci classique en cuir matelassé souple avec motif à chevrons.

LES OBJETS DE DÉSIR

Le talent d'Alessandro Michele a aussi permis aux sacs à main Gucci de retrouver leurs adorateurs. En 2015, il lance le *Dionysus*, un modèle orné d'imprimés où la lanière est une chaîne, et dont le fermoir juxtapose deux têtes de tigres, dans l'esprit du double dragon de l'époque Tom Ford. Un an plus tard, il présente le *GG Marmont*. Inspiré par le légendaire hôtel d'Hollywood où les stars faisaient la fête en toute liberté, ce

Dakota Johnson porte une création d'Alessandro Michele pour Gucci à l'after-party des Oscars 2022 organisée par *Vanity Fair*. Il s'agit d'une robe spectaculaire inspirée de l'élégance hollywoodienne des années 1970, avec une traîne festonnée en plumes.

sac à bandoulière est taillé dans un cuir matelassé souple estampé de chevrons et se balance au bout d'une chaîne dorée ou d'une sangle transversale. Ce modèle connaît un très grand succès qui dure encore. Il atteste de la virtuosité d'Alessandro Michele dans la modernisation des classiques Gucci.

Au-dessus du fermoir du sac *Marmont*, on retrouve les deux G de Gucci apposés l'un sur l'autre, un logo né dans les années 1970 qui avait décoré de nombreuses pièces de la marque. Mais Alessandro Michele possède une conscience aiguë de la puissance des symboles. C'est pourquoi il revitalise cette signature avec vigueur, ramenant le double G dans la lumière, au point d'inviter l'artiste urbain Trouble Andrew à imaginer sa propre version. Le créateur peut ainsi déclarer : « Gucci est une affaire de codes : le double G, le bagage... La beauté de cette marque, c'est qu'on peut se l'approprier. Il suffit pour cela de donner le pouvoir aux codes. Et de les réinventer. »

La collection Croisière 2020 propose une refonte du sac *Horsebit* de 1955. Au-delà du fermoir en métal qui avait fait de lui un must, ce modèle permet de mieux organiser le contenu du sac et il peut être porté de façon commode, en bandoulière ou à la main. À sa suite, un autre classique est revisité. Il s'agit du sac *Jackie 1961*, apparu pour la première fois sur le podium dans la collection de prêt-à-porter masculin automne-hiver 2020-2021. Ce modèle présente une silhouette plus compacte et un fermoir vertical en métal jaune. Plus tard, en juillet 2021, est dévoilé une nouvelle version du cabas *Bamboo* beige, que la princesse Diana portait souvent dans les années 1990. Baptisé *Gucci Diana*, cet accessoire adopte des tons plus audacieux – imprimés ou couleurs vives – et incorpore des lanières de cuir fluorescentes autour des poignées en bambou.

Harry Styles avec Alessandro Michele au MET Gala à New York en 2019 portant une création Gucci : une chemise en dentelle avec des volants et une lavallière XL. Michele considère le chanteur comme « l'expression parfaite de la masculinité ».

LE GRAND SAUT

À l'instar de ses prédécesseurs, Alessandro Michele s'est entouré d'un cercle de muses et d'admirateurs, qui sont souvent des admiratrices. On y remarque presque toujours Florence Welch, Dakota Johnson et l'actrice oscarisée Gwyneth Paltrow, qui fait la couverture du magazine *Harper's Bazaar* en février 2020, vêtue d'un haut métallique futuriste (également porté par l'actrice Zendaya). La coterie comprend de grandes stars comme Elton John – Alessandro Michele a conçu le vestiaire de sa tournée d'adieu –, Billie Eilish, mais aussi Harry Styles : porté aux nues par Michele comme « l'expression parfaite de la masculinité », ce dernier sera le visage de plusieurs

campagnes Gucci. Avec Jared Leto, son âme sœur, le créateur aime surprendre en apparaissant dans des looks étudiés.

Collaborer avec d'autres stylistes et d'autres marques est une constante dans la création d'Alessandro Michele : « Ce que nous définissons comme une collaboration est en réalité une rencontre, chacun le fait à sa manière, comme cela se passe dans la vie en général [...]. Pour ma part, je ressens de temps en temps le besoin de jouer avec quelqu'un d'autre. » Ainsi, en 2018, entame-t-il une collaboration avec la MLB – la ligue américaine de baseball – en créant une collection de casquettes, de maillots et de blazers pour les Yankees de New York, en avant-première de la collection automne-hiver de cette année-là. En décembre 2020, un tandem The North Face x Gucci focalise l'attention avec une collection au kitsch assumé inspirée par les années 1970, qu'on présume être portée dans les Alpes. Elle associe les logos des deux marques sur des doudounes à imprimés floraux, des sacs à dos et des chaussures de randonnée unisexes. Une autre collaboration, qui aurait été impensable il y a quelques années, associe Adidas à Gucci pour produire des tenues qui fusionnent la technologie sportive du premier avec le parti pris de luxe et d'éclectisme du second. Elles vont défiler dans la collection automne-hiver 2022-2023.

La plus marquante des collaborations qu'aura nouées le créateur est officialisée en avril 2021 lors du centenaire de Gucci : Alessandro Michele co-signe la collection printemps-été, baptisée « Aria », avec le designer géorgien Demna Gvasalia, directeur créatif de Balenciaga – une autre marque du groupe Kering. À l'occasion de cette collection, présentée sans public, dans un couloir flanqué de caméras qui bombardent de flashes le va-et-vient des mannequins, on est

Modèle de la collection automne-hiver 2022-2023. Cette année-là, la collaboration Adidas x Gucci s'est concentrée sur le tailoring, fusionnant le sportswear avec des éléments emblématiques des deux marques.

GUCCI
GUCCI

surtout surpris de voir la combinaison des logos des deux griffes : quantité de pièces associent le monogramme Gucci au nom Balenciaga, le B de la maison parisienne se voyant apposé jusqu'au sac *Jackie 1961*. Au-delà de cette étrange union, la même collection remémore les divers jalons qui ont bâti l'histoire de Gucci : on y retrouve les casques, vestes, harnais et bottes d'équitation qui ont si longtemps inspiré la marque, ainsi que l'imprimé *Flora* sur certaines tenues. Alessandro Michele a glissé parmi eux bon nombre de vêtements séducteurs, comme pour convoquer à nouveau la tension sexuelle qui avait pimenté la période Tom Ford.

GUCCI AU SOMMET DE LA RÉUSSITE

Le succès des collections Gucci auprès des jeunes a transformé les produits de la marque en nouveaux objets de désir. Ces clients débutants se recrutent en Europe et aux États-Unis, mais aussi de plus en plus au sein des pays émergents : Chine, émirats du golfe Persique, Asie du Sud-Est... En 2021, le *Vogue Business Index* sacre Gucci marque de luxe préférée de la génération Z.

En dépit du magnétisme d'Alessandro Michele et de son style visionnaire, ce succès n'aurait pu advenir sans la gestion avisée de Marco Bizzarri. En 2016, le PDG de Gucci inaugure ainsi dans la capitale lombarde un Gucci Hub, ancienne usine aéronautique transformée en siège milanais de la griffe et en « pôle de créativité », dont la fonction première est d'accueillir les principaux défilés de mode de la marque. De plus, l'année 2018 voit s'ouvrir dans la banlieue de Florence un centre d'innovation baptisé ArtLab, ainsi qu'un Gucci Garden – qui n'est autre que l'ancien musée Gucci réaménagé dans un esprit plus accueillant.

De plus, Marco Bizzarri engage une réduction drastique des émissions à effet de serre, et ce dans tous les processus de fabrication et de distribution, afin d'atteindre la neutralité en matière d'empreinte carbone. En 2017, la marque fait savoir qu'elle n'utilisera plus de cuirs naturels dans ses créations. En juin 2021, elle présente Demetra, une nouvelle matière très écologique, issue à 77 % de fibres d'origine végétale, et donc renouvelables. Toutes ces initiatives valident une image de marque militant pour la durabilité. Elles génèrent aussi de belles performances économiques : entre 2015 et 2019, Gucci triple son chiffre d'affaires, qui culmine en 2021 à 9,7 milliards d'euros.

GUCCI EN DOUBLE

On l'ignore encore, mais lorsqu'Alessandro Michele présente son défilé printemps-été 2023-2024, il pose là le point final de sa carrière chez Gucci. Intitulée « Twinsburg », la collection explore le concept d'identité par le biais d'un hommage aux « deux mères » du créateur. Sa mère et sa tante étaient en effet jumelles, ce qui l'amène à réfléchir à la façon dont deux êtres, semblables par l'aspect et la façon de se vêtir, pouvaient susciter chez autrui des sensations très différentes, proclamant ainsi la singularité de chaque individu. Ce défilé est réglé sur un dispositif très ingénieux : le public se voit réparti en deux groupes, séparés par une cloison divisant le podium, sur lequel deux défilés se déroulent en simultané. Une fois de plus, la collection fait la part belle au baroque, à travers des références culturelles et esthétiques, car il définit bien le style de Michele. On y trouve des clins d'œil à la pop culture, comme les sacs *Gizmo* en peluche du film *Gremlins* (1984), des imprimés animaliers, des trouvailles exhumées des archives – les mocassins *Horsebit* au bout en forme de cœur –, mais aussi des allusions plutôt suggestives, comme ces pantalons dont les découpes évoquent un porte-jarretelles. Pour clarifier tout à fait les choses, une veste-bomber ornée de paillettes orange apparaît avec le message « FUORI !!! ». Il ne s'agit pas d'une injonction à vider les lieux, mais de l'acronyme du Front unitaire homosexuel révolutionnaire italien, qui a été la première organisation italienne à lutter pour les droits des LGBTQIA+. Après le passage du dernier modèle, chacun s'apprête à partir lorsque la cloison se relève soudain, dévoilant à chaque moitié du public l'intégralité du site. Les mannequins défilent à nouveau, cette fois tous ensembles : 68 paires de jumeaux se tiennent par la main et descendent du podium sous un tonnerre d'applaudissements.

Deux mannequins jumeaux défilent dans un blouson bombardier à paillettes orange, l'une des pièces maîtresses de la collection printemps-été 2023-2024, la dernière d'Alessandro Michele pour Gucci.

Malgré cette voltige créative pleine de brio, Gucci publie deux mois plus tard, le 23 novembre 2022, un communiqué qui annonce officiellement le départ du designer. On y trouve une déclaration d'Alessandro Michele : « Il y a des moments où les chemins se séparent en raison de projets qui divergent. Ce jour marque pour moi la fin d'un voyage extraordinaire qui aura duré plus de vingt ans, dans une entreprise, à qui j'ai consacré inlassablement tout mon amour et ma passion créative. »

Il ne suffit plus de faire des vêtements élégants et de les mettre dans une boutique. La mode doit être vivante. Elle vient de la rue, de la musique, du club…

ALESSANDRO MICHELE

FUORI!!!
FUORI!!!

L'HÉRITAGE ÉQUESTRE

Guccio Gucci a compris que l'équitation symbolisait parfaitement le luxe, la beauté et l'exclusivité auxquels aspiraient les élites économiques et sociales. Ainsi transforme-t-il un simple mors de cheval en détail précieux dans le mocassin *Horsebit*. Il s'inspire aussi des sangles qui maintiennent la selle en place pour créer la bande *Web* et reprend la forme d'une selle dans les sacs *Bamboo* et *Jackie*. Cette influence existe toujours dans les créations de la marque, dont les collections d'accessoires et de prêt-à-porter citent souvent l'univers de l'équitation.

Casque d'inspiration équestre et sac en forme de fer à cheval de la collection automne-hiver 2016-2017.

Gilet à imprimé *Diamante* avec monogramme Gucci et fermeture par boucles en cuir de la collection 2021 « Aria ».

Charlotte Casiraghi, petite-fille de Grace Kelly, a été la vedette de la campagne Forever Now de Gucci en 2012.

RETOUR AUX ORIGINES

Gucci attend deux mois pour faire connaître son nouveau directeur de la création. Il s'agit de Sabato De Sarno, venu de la maison Valentino. De Sarno est né à Cicciano, un bourg de Campanie situé à 50 kilomètres de Naples. Fasciné par la mode depuis son enfance, il s'est longuement appliqué à observer les vêtements des autres. C'est même devenu l'un de ses passe-temps favoris, tant il est fascinant de voir la façon très personnelle employée par chacun pour exprimer son style. Sa passion toujours plus vive pour la mode – Gianni Versace devient sa première influence majeure – l'a conduit à s'inscrire à l'Institut Carlo Secoli de Milan, la plus ancienne école de mode d'Italie. Parmi ses plus beaux souvenirs de jeunesse, il cite un voyage scolaire à Rome qui lui permet de visiter la boutique Gucci. Il y achète alors une veste en velours rouge, dessinée par Tom Ford, et qui va rester, durant de longues années, son vêtement le plus précieux.

Dans le cadre d'un concours, Sabato De Sarno confectionne une jupe noire qui, lorsqu'elle se met en mouvement, révèle sept couleurs différentes. Ce vêtement attire l'attention d'un chasseur de talents, si bien qu'il se voit engagé chez Prada. Il y travaille avec la modéliste Delia Coccia, créatrice des fameux manteaux de la maison, qui lui communique son sens du détail juste et sa science des coupes parfaites. Mais De Sarno est frustré de ne pas pouvoir créer ses propres modèles. Il décide de quitter Prada et rejoint Dolce & Gabanna. C'est là qu'âgé de 26 ans, il reçoit une offre de Valentino. Dans cette autre maison romaine, il va gagner la confiance de Pierpaolo Piccioli, directeur de la création. Si bien qu'il se retrouve en 2009 à diriger toute la ligne de prêt-à-porter. En 2023, Sabato De Sarno fête ses 40 ans. Dès le mois de janvier, il rejoint la maison Gucci.

Sabato De Sarno salue le public après le défilé de la collection Croisière 2025 à la Tate Modern à Londres.

Marco Bizzarri, PDG de Gucci dans ces années-là, sent monter dans la maison les premiers symptômes d'une « fatigue de marque ». Adulé par la presse, Alessandro Michele n'en reste pas moins un créateur baroque, si ce n'est complexe. Bizzarri cherche un designer un peu moins singulier, qui changerait le style créatif et séduirait la nouvelle génération qui monte. Son choix va se porter sur De Sarno. Marco Bizzarri, ne verra pas son poulain débuter : le PDG doit quitter sa place, car il est remplacé en juillet par Jean-François Palus, homme de confiance de François-Henri Pinault, PDG du groupe Kering, auquel succède Stefano Cantino en janvier 2025.

Sabato De Sarno va poser ses marques avec la collection du printemps-été 2024-2025, qui défile à la Fashion Week de Milan. « J'aime voir dans la rue des gens porter les vêtements que j'ai créés, c'est pourquoi le premier défilé se tiendra dans la rue. Par ailleurs, nous avons une nouvelle couleur associée à la marque. Et cette couleur, je l'adore », déclare le styliste.

Le défilé débute par un débardeur blanc et un micro-short serré par une fine ceinture double G, le tout associé à une pièce qu'affectionne beaucoup De Sarno : il s'agit d'un manteau – précisément, d'un long manteau de laine grise. Pour faire briller ce premier look, une paire de mocassins *Horsebit* à plateforme et le sac *Jackie 1961*, où l'on découvre la couleur de marque annoncée peu avant par De Sarno : elle a un nom, *Gucci Rosso Ancora*. Inspiré par l'ascenseur historique de l'hôtel Savoy de Londres, où Guccio Gucci avait travaillé longtemps, ce rouge mêlé de marron, presque auburn, envahit largement la collection, où il se décline en shorts, en jupes unies, en imprimés, en vestes ou en blousons, quand ce n'est pas en total look, sans oublier divers accessoires. Pour le créateur, cette couleur dont

Un long manteau en laine minimaliste a ouvert le défilé printemps-été 2024-2025, où les mocassins *Horsebit* à plateforme ont également brillé. Ci-dessus, sac à main avec imprimé monogramme Gucci.

le nom italien signifie « encore », incarne le plaisir intense que l'on éprouve à posséder une chose qu'on désire, ou à partager une effusion avec un être cher, comme « quand on embrasse quelqu'un que l'on aime et que l'on ne veut pas s'arrêter ». Pour De Sarno, cette ivresse doit vous saisir lorsqu'on porte un vêtement qu'il a conçu. Il ne fait pas mystère de son ambition : « Je veux que les gens retombent amoureux de Gucci. Et le nouveau Gucci que je souhaite, c'est celui de la liberté et de l'exaltation : je veux m'amuser. »

Pourtant, la collection rencontre un accueil mitigé. Certains applaudissent le minimalisme des propositions, soulignant leur style simple, immédiat et moderne. D'autres estiment en revanche qu'elles manquent d'ambition. Son esthétique est vite cataloguée comme un luxe tranquille, un luxe discret, pétri de subtilité, à l'image de la tenue que le designer adopte tous les jours : T-shirt ou pull noir, jean noir et baskets. Sous cette apparence modeste, De Sarno se voit pourtant comme un créateur authentique, obsédé par le désir d'excellence : « Cela fait 20 ans que je dessine. Je sais manipuler les vêtements, je les change, je les modifie, je les invente. Ils ont choisi quelqu'un qui sait faire ce travail. Que vous l'aimiez ou non, c'est une autre histoire –, mais je sais certainement comment le faire. »

DIVERSITÉ ET SOPHISTICATION

Le nouveau tournant pris par la marque se révèle aussi dans les nouveaux modèles. En novembre 2023 sort une version réactualisée du sac *Horsebit 1955*, qui surprend par sa forme asymétrique. Il est taillé dans le matériau innovant Demetra,

Collection homme printemps-été 2025-2026. À gauche, le manteau long vert tilleul déboutonné révèle les bottes *Horsebit* plates, dont le bout a été inspiré par le rostre d'un dauphin. À droite, un polo en maille rose, associé à un short marron et à une ceinture avec une boucle-mousqueton façon mors.

à 77 % d'origine végétale, inventé par le département de la recherche de Gucci. Pour appuyer le message, la campagne de lancement met en scène la chanteuse Billie Eilish, icône de la génération Z, connue pour son activisme en faveur de l'environnement.

Dans ses défilés, Sabato De Sarno reconduit fidèlement certaines propositions, comme les vestes et les manteaux, ou encore les couleurs unies et les accessoires originaux – devenus plus discrets. Tout ce qui incarne l'héritage des grands artisans italiens. De Sarno soutient d'ailleurs qu'une étiquette « Made in Italy » est la meilleure garantie de qualité. Il s'explique dans une interview à *Vogue* : « Gucci est une marque très italienne avec un héritage énorme : l'artisanat italien, le goût italien... J'ai l'impression que nous avons perdu cela et je veux le faire revivre. L'italianité fait partie de mon histoire. »

Dans la collection Croisière 2025, présentée à la Tate Modern de Londres, il présente des modèles bien plus sophistiqués que dans la précédente. Il remet en piste les nœuds et les vestes en cuir, revisite les ballerines dans une vision Gucci et modernise aussi les creepers *Horsebit* en les ornant d'une plaque en métal, tout cela d'une façon très naturelle. Le créateur sort aussi le premier sac de sa conception, baptisé *Gucci Blondie* en hommage au groupe qui porte ce nom, et enrôle sa chanteuse emblématique, Debbie Harry, pour lancer la campagne à Londres. Fabriqué cette fois en cuir, pour un esprit vintage, le sac reprend le logo arrondi qui distinguait Gucci au cours des années 1970.

Pour la collection masculine printemps-été 2025-2026, Sabato de Sarno puise ses inspirations dans l'univers du surf. Il présente ainsi des chemises imprimées à motifs de dauphins, de feuilles de bananier ou de fleurs d'hibiscus, des shorts assortis aux précédentes, ainsi que des bottines *Horsebit* à fermeture éclair latérale, dotées d'un bout triangulaire évoquant le rostre du dauphin. Quant au défilé de la ligne féminine, il porte un titre qui résume son programme : « Casual Grandeur ». Cette « grandeur décontractée », c'est celle d'un vêtement qui permet à celle qui le porte de se sentir bien avec elle-même, avec les autres, avec son positionnement dans le monde : « J'aime les vêtements qui vont au-delà de l'occasion. Je n'aime pas quand c'est juste pour un tapis rouge ou pour une photo sur Instagram, mais quand cela se fond avec les gens [...], sans masquer leur personnalité. Je veux vous voir avec Gucci, plutôt qu'en Gucci », dit le créateur. Sa collection propose des costumes en maille, des baskets blanches, mais aussi des robes de soirée monochromes à fentes transversales, évoquant la période Tom Ford, sans oublier quelques clins d'œils à Jackie Kennedy Onassis.

LE LUXE EST COOL

Un mannequin défile lors de la présentation de la collection Croisière 2024 à Séoul. Gucci renforce sa présence en Asie, son principal marché depuis des années.

Confier à Sabato De Sarno la direction créative de Gucci était un pari risqué dans cette période de transformations importantes pour le luxe. Les dégâts causés par la pandémie mondiale ont été aggravés par la récession économique sur le marché le plus important de la marque, la Chine. Dans un monde marqué par l'essor d'Instagram, de TikTok et des influenceurs, il importait de créer une image de marque accrocheuse et de suivre les tendances taillées pour briller sur les podiums.

Si la marque a su récupérer son « italianité », elle a aussi renouvelé son panthéon d'ambassadeurs en accueillant des personnalités plus proches, comme la chanteuse Billie Eilish, le mannequin Kendall Jenner, des rappeurs qui, depuis les années 1980, ont fait de Gucci la marque de prédilection du hip-hop parmi lesquels Bad Bunny. Mais aussi la star de Bollywood Alia Bhatt, Jin, membre du groupe de K-pop BTS ou l'acteur et mannequin chinois Song Weilong (l'Asie de l'Est assure, hors Japon, près de 40 % du chiffre d'affaires de Gucci).

C'est rappeler qu'au long de son histoire, la marque a su transcender les frontières. Elle a étendu ses inspirations jusqu'à l'univers du sport, captivant ainsi un public de plus en plus jeune. Elle a promu un nouveau luxe très Gucci, c'est-à-dire original, amusant et séduisant. Un luxe cool, dont la marque florentine entend bien rester la référence dans la mode.

J'aime les vêtements qui vont au-delà de l'occasion. Je n'aime pas quand c'est juste pour un tapis rouge ou pour une photo sur Instagram, mais quand cela se fond avec les gens.

SABATO DE SARNO

Collection Légendes de la Mode
Titre original : *Gucci*

Conseillère scientifique : Natalia Andrea Pérez Hernández
Traduction et adaptation : Charlotte Brunel

Édité par RBA Coleccionables, S. A. U.
Avenida Diagonal, 189 – 08018 Barcelone, Espagne.
N.I.F. N° A-78.898.350
Directeur de la publication : Isaac Serrano Fernandez
Directrice France : Charlotte Saigne
Responsable éditoriale : Clélia Fortier-Kriegel

Photographies : Alamy, Archives RBA, Estrop, Getty Images.
Conception de la couverture : Luz de la Mora
Graphisme des pages intérieures : Luz de la Mora
Réalisation : Editec Ediciones
Mise en page : CGI
Correction : Tiphaine Diaconu

Imprimé en Espagne par GRÁFICAS ESTELLA
Dépôt légal : B 21060-2024
ISBN Collection : 978-84-1057-805-0
ISBN Livre : 978-84-1057-810-4
Achevé d'imprimer : janvier 2025

Abonnement et informations – France
Service clients : Collection Légendes de la Mode
Collections RBA – Paperboy 6206 – 20, Quai de Lorraine – 11100 Narbonne
01 88 58 07 07 (coût d'un appel local depuis un poste fixe)
serviceclient@rbafrance.fr

Dépositaires de presse
Service de ventes
France
MERCURI-PRESSE
Contact : Emmanuel Vinot
Belgique
AMP
Route de Lennik 471
1070 Bruxelles